Soph

Le meilleur de BORDEAUX

100 RESTAURANTS

annette.

ÉDITIONS SUD OUEST

PLATS À PARTAGER / RESTAURANTS GASTRONOMIQUES / BISTROS / CUISINE DU MONDE / VÉGÉTARIENS / PAUSE DÉJEUNER / COFFEE BARS & SALONS DE THÉ / BRUNCHS / OUVERTS LE DIMANCHE / BARS À VINS & COCKTAILS / PLATS À PARTAGER / RESTAURANTS GASTRONOMIQUES / BISTROS / CUISINE DU MONDE / VÉGÉTARIENS / PAUSE DÉJEUNER / COFFEE BARS & SALONS DE THÉ / BRUNCHS / OUVERTS LE DIMANCHE / BARS À VINS & COCKTAILS / PLATS À PARTAGER / RESTAURANTS GASTRONOMIQUES / BISTROS / CUISINE DU MONDE / VÉGÉTARIENS / PAUSE DÉJEUNER / COFFEE BARS & SALONS DE THÉ / BRUNCHS / OUVERTS LE DIMANCHE / BARS À VINS & COCKTAILS / PLATS À PARTAGER / RESTAURANTS GASTRONOMIQUES / BISTROS / CUISINE DU MONDE / VÉGÉTARIENS / PAUSE DÉJEUNER / COFFEE BARS & SALONS DE THÉ / BRUNCHS / OUVERTS LE DIMANCHE / BARS À VINS & COCKTAILS / PLATS À PARTAGER / RESTAURANTS GASTRONOMIQUES / BISTROS / CUISINE DU MONDE / VÉGÉTARIENS / PAUSE DÉJEUNER / COFFEE BARS & SALONS DE THÉ / BRUNCHS / OUVERTS LE DIMANCHE / BARS À VINS & COCKTAILS / PLATS À PARTAGER / RESTAURANTS GASTRONOMIQUES / BISTROS / CUISINE DU MONDE / VÉGÉTARIENS / PAUSE DÉJEUNER / COFFEE BARS & SALONS DE THÉ / BRUNCHS / OUVERTS LE DIMANCHE / BARS À VINS & COCKTAILS / PLATS À PARTAGER / RESTAURANTS GASTRONOMIQUES / BISTROS / CUISINE DU MONDE / VÉGÉTARIENS / PAUSE DÉJEUNER / COFFEE BARS & SALONS DE THÉ / BRUNCHS / OUVERTS LE DIMANCHE / BARS À VINS & COCKTAILS / PLATS À PARTAGER / RESTAURANTS GASTRONOMIQUES / BISTROS / CUISINE DU MONDE / VÉGÉTARIENS / PAUSE DÉJEUNER / COFFEE BARS & SALONS DE THÉ / BRUNCHS / OUVERTS LE DIMANCHE / BARS À VINS & COCKTAILS / PLATS À PARTAGER / RESTAURANTS GASTRONOMIQUES / BISTROS / CUISINE DU MONDE / VÉGÉTARIENS / PAUSE DÉJEUNER / COFFEE BARS & SALONS DE THÉ / BRUNCHS / OUVERTS LE DIMANCHE / BARS À VINS & COCKTAILS / PLATS À PARTAGER / RESTAURANTS GASTRONOMIQUES / BISTROS / CUISINE DU MONDE / VÉGÉTARIENS / PAUSE DÉJEUNER / COFFEE BARS & SALONS DE THÉ / BRUNCHS / OUVERTS LE DIMANCHE / BARS À VINS & COCKTAILS / PLATS À PARTAGER / RESTAURANTS GASTRONOMIQUES / BISTROS / CUISINE DU MONDE / VÉGÉTARIENS / PAUSE DÉJEUNER / COFFEE BARS & SALONS DE THÉ / BRUNCHS / OUVERTS LE DIMANCHE / BARS À VINS & COCKTAILS / PLATS À PARTAGER / RESTAURANTS GASTRONOMIQUES / BISTROS / CUISINE DU MONDE / VÉGÉTARIENS / PAUSE DÉJEUNER / COFFEE BARS & SALONS DE THÉ / BRUNCHS / OUVERTS LE DIMANCHE / BARS À VINS & COCKTAILS / PLATS À PARTAGER / RESTAURANTS GASTRONOMIQUES / BISTROS / CUISINE DU MONDE / VÉGÉTARIENS / PAUSE DÉJEUNER / COFFEE BARS & SALONS DE THÉ / BRUNCHS / OUVERTS LE DIMANCHE / BARS À VINS & COCKTAILS / PLATS À PARTAGER / RESTAURANTS GASTRONOMIQUES / BISTROS / CUISINE DU MONDE / VÉGÉTARIENS / PAUSE DÉJEUNER / COFFEE BARS & SALONS DE THÉ / BRUNCHS / OUVERTS LE DIMANCHE / BARS À VINS & COCKTAILS / PLATS À PARTAGER / RESTAURANTS GASTRONOMIQUES / BISTROS / CUISINE DU MONDE / VÉGÉTARIENS / PAUSE DÉJEUNER / COFFEE BARS & SALONS DE THÉ / BRUNCHS / OUVERTS LE DIMANCHE / BARS À VINS & COCKTAILS / PLATS À PARTAGER / RESTAURANTS GASTRONOMIQUES / BISTROS / CUISINE DU MONDE / VÉGÉTARIENS / PAUSE DÉJEUNER / COFFEE BARS & SALONS DE THÉ / BRUNCHS / OUVERTS LE DIMANCHE / BARS À VINS & COCKTAILS / PLATS À PARTAGER / RESTAURANTS GASTRONOMIQUES / BISTROS / CUISINE DU MONDE / VÉGÉTARIENS / PAUSE DÉJEUNER / COFFEE BARS & SALONS DE THÉ / BRUNCHS / OUVERTS LE DIMANCHE / BARS À VINS & COCKTAILS / PLATS À PARTAGER / RESTAURANTS GASTRONOMIQUES / BISTROS / CUISINE DU MONDE / VÉGÉTARIENS / PAUSE DÉJEUNER / COFFEE BARS & SALONS DE THÉ / BRUNCHS / OUVERTS LE DIMANCHE / BARS À VINS & COCKTAILS / PLATS À PARTAGER / RESTAURANTS GASTRONOMIQUES / BISTROS / CUISINE DU MONDE / VÉGÉTARIENS / PAUSE DÉJEUNER / COFFEE BARS & SALONS DE THÉ / BRUNCHS / OUVERTS LE DIMANCHE / BARS À VINS & COCKTAILS / PLATS À PARTAGER / RESTAURANTS GASTRONOMIQUES / BISTROS / CUISINE DU MONDE / VÉGÉTARIENS / PAUSE DÉJEUNER / COFFEE BARS & SALONS DE THÉ / BRUNCHS / OUVERTS LE DIMANCHE / BARS À VINS & COCKTAILS / PLATS À PARTAGER / RESTAURANTS GASTRONOMIQUES / BISTROS / CUISINE DU MONDE / VÉGÉTARIENS / PAUSE DÉJEUNER / COFFEE BARS & SALONS DE THÉ / BRUNCHS / OUVERTS LE DIMANCHE / BARS À VINS & COCKTAILS / PLATS À PARTAGER / RESTAURANTS GASTRONOMIQUES / BISTROS / CUISINE DU MONDE / VÉGÉTARIENS / PAUSE DÉJEUNER / COFFEE BARS & SALONS DE THÉ / BRUNCHS / OUVERTS LE DIMANCHE / BARS À VINS & COCKTAILS / PLATS À PARTAGER / RESTAURANTS GASTRONOMIQUES / BISTROS / CUISINE DU MONDE / VÉGÉTARIENS / PAUSE DÉJEUNER / COFFEE BARS & SALONS DE THÉ

CE LIVRE A ÉTÉ IMPRIMÉ PAR L'IMPRIMERIE SOLER, T.G. (ESPAGNE)
LA PHOTOGRAVURE EST DE LABOGRAVURE IMAGE À BORDEAUX (33), FRANCE.
ISBN : 978-2-8177-0667-2 – ÉDITEUR : 01.02.06.19

Wifi
Veggie friendly

Un guide, pour quoi faire ?

Bordeaux = 1981 restaurants en 2018

+ 45 % en dix ans

Comment s'y retrouver ?

Quel style choisir ?

Un guide indépendant ?

100 ADRESSES

TOUTES TESTÉES

AUCUNE PUBLICITÉ

DES ADDITIONS RÉGLÉES

Un guide légitime

Sophie Juby possède un master en Achat de l'école Kedge de Bordeaux. Elle possède les outils pour construire une grille de notation objective. Elle écrit sur la gastronomie bordelaise depuis 2011.

La sélection :

100 adresses classées en 10 rubriques

10 façons de concevoir le repas

Une guide accessible à tous

Pour manger de 10 à 100 euros.

Les critères de choix :

- Un décor à la hauteur de l'addition
- Une vraie cuisine maison
- Le respect des saisons
- La préférence aux produits locaux

Des regrets ?

Malgré la rigueur, la curiosité et les échanges, je sais que cet ouvrage est perfectible. J'ai sans doute écarté à tort de bons restaurants. J'ai peut-être visité de bonnes adresses au mauvais moment. Et enfin j'avoue, je n'ai ni le portefeuille, ni l'appétit pour tester 1981 cuisines... Milles excuses aux refusés, aux oubliés. Je compte sur vos retours pour enrichir la prochaine édition.

Je termine en vous souhaitant bonnes découvertes et bon appétit. N'hésitez pas à me faire part de vos remarques par mail à l'adresse : **sophie.juby@gmail.com**. Votre avis m'est précieux.

1
7
2
8
10
6
4
9

Chapitre 1

PLATS À PARTAGER

Partager, échanger, vivre une belle expérience à plusieurs, c'est l'idée de cette nouvelle rubrique. Elle donne des pistes pour multiplier les découvertes. Elle permet de tester la richesse d'une carte sans tomber dans l'excès du menu gastronomique en dix plats dont on ressort épuisé, l'estomac trop plein et le portefeuille vide. Elle renoue avec nos souvenirs de vacances, le buffet de mariage, la fondue d'après piste, le barbecue entre copains. Je vous donne dix idées pour rassembler votre tribu, votre bande. C'est la liberté au restaurant. Ni code, ni contrainte, juste le plaisir d'être ensemble autour de la table.

1. Cent33

En bordure du quartier des Chartrons si riche en spots à manger, Fabien et Émilie Beaufour ont investi un bel espace éclairé par de grandes baies vitrées. Pour leur concept de gastronomie à la carte, ils ont travaillé sur le confort des convives, la chaleur des matières naturelles et la pluralité des modes de dégustation. **Au Cent33, vous pouvez dîner comme en cuisine face à la Robota, le gril japonais**. Le chef évolue sous vos yeux en mode show-cooking. Vous pouvez partager la table d'hôtes avec vos copains. Sinon, vous choisirez de vous isoler en amoureux, de créer votre bulle d'intimité. Les tables sont bien espacées, les chaises en velours orange, moelleuses. Les arts de la table sont à l'honneur. La vaisselle est en grès beige et le couteau spécialement designé par la coutellerie du Périgord. Avec son manche en bois, il balance entre l'objet d'art et l'outil de l'artisan. La fourchette-cuillère, la georgette, participe aussi de l'originalité du Cent33.

Et pour le menu ? Ici commence l'expérience Cent33. Vous allez choisir, pas de diktat du menu unique. **Vous serez servi rapidement de bouchées apéritives, de petites assiettes. Les plats arriveront en suivant, fini le temps d'attente. La table se couvre de miniplats assortis.** Nous sommes comme au spectacle, comme au feu d'artifice, les sens en éveil. N'hésitez pas à tout goûter : les gougères au comté, les gnocchis au citron confit, petites billes gourmandes, ou le foie gras aux agrumes déguisé en clémentine qui vous dit mange-moi. Ne passez pas à côté du déjà cultissime poulpe en salade tiède. Le chef sert la star des cuisines hispaniques tiède accompagnée d'un crémeux d'avocat, de salicorne croquante et de pamplemousse. Le poulpe a cuit sept heures pour gagner en tendresse. Il sera frit au dernier moment pour un côté croquant. Une tuerie.

Pour le final, n'hésitez pas entre le tout choco (ganache sur base de biscuit cacahuète, feuillantine, caramel salé et glace au pop-corn) et les madeleines. Prenez les deux. Le dessert de mamie est tout simplement divin. La madeleine en taille mini se prend du bout des doigts, se trempe dans une crème légère parfumée à la fève tonka et se déguste en multiples façons. Entre copains, elle s'invite au café. Avec votre chéri(e), vous ferez l'expérience d'une bouchée gourmande à offrir comme une promesse, une invitation à d'autres jeux.

COUP DE CŒUR !

Cent33
133, rue du Jardin-Public
05 56 15 90 40
Assiettes entrées 12 €, assiettes plats 14 € à 22 €, assiettes sucrées 6 € à 10 €.
Du mardi au samedi midi et soir.

2. A Cantina Comptoir Corse

Enclave corse au cœur du vieux Bordeaux, A Cantina permet de voyager en deux façons. Au rez-de-chaussée, ambiance bistro, chaises d'écolier et canapés vintage pour un apéro entre copains. À l'étage, au restaurant, on s'installe plus confortablement pour une expérience culinaire originale. Dans les deux propositions, la cuisine est signée par le chef Jean Chalut Natal. **Il travaille le produit corse de façon très contemporaine, sans se priver d'associations audacieuses.** J'ai adoré les rouleaux de printemps aux gambas et panzetta, Les minipitas au veau confit, les coquillettes, prisuttu et tomme de brebis, un plat qui nous ramène à l'enfance. Je n'oublie pas l'incontournable planche fromage et charcuterie, un classique du bar à vins. Mon conseil, c'est de venir à quatre au moins, de partager les historiques d'A Cantina, huit portions, et de compléter par une planche charcuterie. Un tiramisu noisette en final et c'est gagné. Côté cave, laissez-vous guider. Les vins corses ont beaucoup progressé, vous allez faire de belles découvertes.

Bonus : Le comptoir s'est dupliqué à la Boca Foodcourt, une autre idée pour une soirée festive quai de Paludate.

A Cantina Comptoir Corse
14, rue des Bahutiers
07 87 04 28 97
Tapas 8 €, planche de charcuterie 15 €, dessert 7 €.
Du mardi au dimanche, le soir uniquement.

3. Côté zinc

Sur l'avenue Thiers qui prolonge l'iconique pont de Pierre, voilà un bar pour un apéro et petits plats en fin de semaine. Frédéric Lafon, le chef-propriétaire de l'Oiseau bleu, s'essaie ici à un nouveau registre. Il a confié les cuisines de son restaurant gastronomique à François Sauveterre pour s'installer juste à côté. On est dans l'univers bistro avec les chaises à dossier courbe, les banquettes et le bar monumental où l'on peut s'installer pour manger. **Au menu, le midi une cuisine du marché, le soir, des plats portions.** En avril, un fish and chips, un cromesquis de joue de porc ou un croque-monsieur au jambon truffé. Au dessert, on reste sur les valeurs sûres, éclair café, Paris-Brest et autres classiques de la pâtisserie française. Et à boire ? Du vin, une jolie sélection comme Sophie Lafon sait faire. Vingt propositions au verre et une courte carte 100 % française à la bouteille.

Bonus : vaste terrasse sur la rue.

Côté Zinc
129, avenue Thiers
05 35 38 33 48
Le midi menu 18 €, le soir tapas 8 à 12 €, vin au verre 6 €.
Du lundi au vendredi le midi, jeudi à samedi le soir.

4. Frida

Quartier Victor-Hugo, Frida affiche une sage façade gris clair. L'intérieur en étonnera plus d'un avec sa combinaison en un seul lieu d'un bar à cocktails, d'un restaurant tendance et d'un jardin d'été. Chaque espace possède sa propre décoration et son ambiance. On entre par le bar, où l'on peut siroter un verre accompagné de tapas. On y écoute de la musique live installé sur des mange-debout. Au fond se trouve la cour intérieure, aux murs végétalisés, une des rares belles terrasses de Bordeaux. J'aime beaucoup la salle à manger, décorée en bleu et or. Frida Kahlo aurait aimé cet univers exubérant et baroque, les confortables banquettes en velours, les murs recouverts d'une tapisserie imprimée et les boiseries peintes en bleu marine. Je n'oublie pas les luminaires Art déco, présents côté bar et côté restaurant. Ils donnent un charme supplémentaire à l'endroit. **La cuisine est à l'image du lieu, contemporaine, créative et colorée.** La carte des tapas offre un joli choix : saumon gravelax, tataki de bœuf ou cromesquis de confit de canard. Je recommande vraiment cette adresse si représentative du nouveau Bordeaux, festif et coloré.

Remarque : le bar est sans réservation.

Frida
29, rue Buhan
05 57 99 28 44
Cocktail 12 €, tapas 9 €, dîner 45 €.
Du mercredi au dimanche.

5. Les Halles de Bacalan

Dans le quartier des Bassins à Flot et en face de la Cité du Vin, les Halles apportent une offre de restauration rapide comme on en trouve à Lisbonne. Le bâtiment bénéficie d'une belle luminosité avec ses façades entièrement vitrées et habillées de claustra en bois. Il est partagé entre une brasserie, 23 stands et des espaces pour manger au comptoir. À l'extérieur, quelques tables accueillent les chanceux qui auront trouvé une place au soleil. L'endroit connaît un succès fou. L'idée, c'est de **faire son marché parmi les différents plats du jour proposés** et de partager entre amis**.** On y mange bien mais l'addition peut vite monter. Je recommande le Carreau des producteurs, où se relaient chaque jour un groupe d'agriculteurs locaux. Plats à 13 € et planches fromage, charcuterie ou la délicieuse truite de la ferme du Ciron. Coup de cœur aussi pour l'Échoppe des Halles de Frédéric Coiffé, cuisine du Sud-Ouest, un menu du jour à 12,50 € et du très bon cochon. Les végétariens se tourneront vers le traiteur Dose et sa formule du jour. On termine très gourmand avec les mousses au chocolat d'Hasnaa.

Bonus : un programme d'événements, animations tous les jeudis.

Les Halles de Bacalan
149, quai de Bacalan
Du mardi au jeudi de 8 h à 14 h 30 et de 16 h 30 à 20 h 30 (22 h 30 le jeudi).
Vendredi et samedi 8 h à 22 h 30 et dimanche 8 h à 17 h.

6. Hush Hush

Sur une placette animée, le quartier préféré des néo-Bordelais, voilà un nouveau spot à la décoration vintage. Les murs de pierres gardent des restes de crépi. Le sol est un réemploi d'anciens planchers de wagon SNCF. Les tables et chaises ont vécu, les luminaires font Art déco. L'ensemble forme une cave à manger stylé. La cuisine est conçue pour un quartier qui vit en terrasse. **Le midi, c'est bistro, le soir c'est une courte carte de spécialités du monde.** La burrata d'Italie, les bao bun du Vietnam et les ribs des USA. C'est servi dans une vaisselle en fer émaillé. On pose les petits plats sur la table et on pioche. Sympa pour un dîner informel entre copains, un début de soirée à échanger ses souvenirs de vacances autour de plats à voyager.

Bonus : vaste terrasse dans un des coins les plus sympas de Bordeaux. Cocktails autour de 7 € et vins dans les 30 € la bouteille.

Hush Hush
30, rue Sainte-Colombe
05 56 44 96 20
Menu du midi 18 €, plats 12 à 14 €.
Du lundi au samedi midi et soir.

7. King Kong Bar

Nouveau bar à cocktails en face du skate parc, King Kong fait son cinéma au milieu des quais. Le décor nous emmène dans la jungle luxuriante. Les murs et le plafond sont végétalisés de mousses, de fougères et de lierre grimpant. Dans cet univers fantastique, Rose, la bar tender, est à son aise. Look d'héroïne de bande dessinée, sourire XXL et joli accent gallois, elle manie le shaker avec dextérité. Elle réalise elle-même ses scrubs (vinaigres aromatisés) pour **des cocktails originaux aux noms exotiques**, Hibiscus Honeymoon ou Compassion and Love. Pour accompagner, **la cuisine propose un assortiment de portions**. Tataki de bœuf, burrata basilic ou ceviche de maigre, on retrouve les plats dans la tendance du moment.

Bonus : une terrasse sur les quais pour boire une bière tout simplement.

King Kong Bar
72, quai des Chartrons
05 56 79 25 89
Cocktail 12 €, Portions 6 à 11 €.
Du mardi au dimanche.

8. Madame Pang

Quartier Saint-Pierre, une exquise adresse, un lieu à faire voyager et rêver. Le décor est inspiré du Hong Kong des années 1960, de l'atmosphère sensuelle et mystérieuse du film *In the Mood for Love*. Tapisserie à motifs exotiques, luminaires Art déco, collection de porcelaines chinoises, on s'imagine au bar d'un hôtel de luxe. Harmony et Jérôme Billot ont soigné l'esthétique de leur seconde adresse à Bordeaux. Madame Pang se présente sous la forme de trois petites pièces en enfilade avec la cuisine ouverte en final. Je recommande de rester proche du bar pour profiter pleinement du spectacle des mixologues. Regarder le show du cocktail au shaker, du dressage final fait partie de l'expérience Madame Pang. **Côté food, on se partage des tapas asiatiques**, des assortiments de bouchées délicates et parfumées. Je vous conseille les nems de canard et leur sauce foie gras, un mariage réussi Asie-Sud-Ouest. Les ravioles légumes ou crevettes sont délicieuses. Côté boisson, vous choisirez entre **un cocktail, une bouteille de vin, une bière asiatique ou un saké.** Le cocktail garde une dimension festive indiscutable. Mon préféré reste le Gun Powder : gin, chartreuse jaune, gingembre et citronnelle, punchy et tasty.

Madame Pang
16, rue de la Devise
05 56 38 47 13
Assiettes 7 € à 10 €, cocktails 11 € à 14 €.
Mardi au samedi de 19 h à 1 h et 2 h le week-end.

9. La Maison du Pata Negra

Au cœur du marché des Capucins, le ventre du Bordeaux, bruyant, coloré et cosmopolite. Entre les stands de produits frais et les cafés populaires, la Maison du Pata Negra propose chaque week-end **son incroyable buffet de tapas**. On mange debout au coude à coude, au comptoir ou pour les plus chanceux à l'une des tables du carré intérieur. Tout Bordeaux se retrouve au marché dans une mixité sociale et transgénérationnelle qui n'existe nulle part ailleurs. Au programme, un assortiment de tartines froides : saumon fumé, anchois et poivrons confits, charcuterie basque ou fromage des Pyrénées. On déambule une assiette à la main et on construit son menu. Une petite pique colorée donne le prix de chaque préparation. En version chaude, le chef cuisine des portions à la minute. Il sonne la cloche quand il les apporte au comptoir et on se précipite pour se partager une friture de calamars, un foie gras poêlé ou une brochette de magret. On les mange avec les doigts accompagnés d'un rioja espagnol comme dans un bar à pintxos de San Sebastian.

La Maison du Pata Negra
9, place des Capucins
05 56 88 59 92
Samedi et dimanche midi uniquement.
Tapas 2 € à 4 €, assiette de jambon 16 €.

10. Le Mampuku

À deux pas de la porte Cailhau, une adresse incontournable pour les amateurs de cuisine fusion. Le décor fait dans la sobriété et les matières nobles avec une dominante de bois naturel. L'ensemble est moderne et chaleureux, un très bel endroit pour une soirée entre amis. Le chef, Gil Elad, travaille derrière un long comptoir où l'on peut dîner comme au spectacle. **Sa cuisine balance entre Asie et Orient avec de multiples références au Japon**, le pays de son épouse. Tout est raffiné, parfumé et délicieux, on aimerait goûter les dix plats et trois desserts du moment. C'est impossible, ici le choix s'impose à toute la table. Un plat qui m'a fait craquer ? Le hazille, aubergine fumée et grillée, labané, miel et grenade. L'aubergine entière est rôtie au four puis grillée à la flamme. Elle est ensuite débarrassée de sa peau, découpée en laissant les tranches retenues au pédoncule et refroidie. Elle est servie twistée, dans un bol, arrosé de labané, fromage frais à base de yaourt, d'huile d'olive et de graines de grenade. Un délice de fraîcheur boosté par une note fumée. Une invitation au voyage.

Mampuku
9, rue d'Ausone
05 56 81 18 75
Le midi formule en 3 plats + dessert 19 €, le soir 4 plats + dessert 28 €
Du mardi au samedi midi et soir.

Bô-tannique

COUP DE CŒUR !

Bô-tannique, c'est une chouette histoire de copains. Florent Presse et Romain Le Guillou en cuisine, Guillaume Rossi en salle, les trois potes du lycée Méderic ont choisi Bordeaux pour sa qualité de vie, sa bonne accessibilité (merci la LGV) et sa réputation de ville gastronomique. Je ne déroule pas le CV des chefs mais c'est du lourd. Ils ont perfectionné leur techniqus dans les plus belles cuisines de France : Guy Savoy, Joël Robuchon, Alain Pégouret... Avec Bô-tannique, le trio joue sa propre partition. Ils se sont installés au cœur de Bordeaux, place Saint-Projet, au pied d'un immeuble historique. La salle à manger en longueur offre de beaux volumes. Elle permet de créer soixante places tout confort. Enfin une adresse avec de l'espace entre les tables ! On a le choix du format des tables, rondes ou carrées, entre la banquette aux coussins ethniques ou les fauteuils de cuir, la vue sur la cuisine derrière la fenêtre atelier ou celle sur l'animation de la place si l'on mange en terrasse. Chez Bô-tannique on respire. Au fait, tannique, parce qu'ici on a la religion du vin. Et du vin sans trucage, produit dans le respect de l'homme et de la nature. La carte, le travail de Guillaume, comprend uniquement des vins naturels ou issus de la biodynamie. Côté cuisine, on trouve **une base française, des parfums de voyage, de la technique, des bons produits, des cuissons justes et des sauces punchy**. J'ai testé la formule du midi. À 21 €, c'est juste une super affaire. Tout est fait maison, même la pâte des ravioles, même les sorbets. Le poisson est sauvage. Merci les chefs, tous les Bretons vous embrassent.

Bô-Tannique
Place Saint-Projet
2, rue Tustal
05 56 81 34 92
Menu le midi 21 €, le soir 35 € et 42 €
Du mardi au samedi le midi.
Du lundi au samedi le soir.

1
2
3
4
5
6
8
9
10

Chapitre 2

RESTAURANTS GASTRONOMIQUES

Le repas gastronomique, mélange de mets raffinés et de scénographie, appartient à l'histoire de France. Il est même reconnu mondialement depuis son inscription au patrimoine culturel immatériel de l'Unesco en 2010. Il se perpétue au travers des tables étoilées où le repas se vit comme un moment d'exception, une expérience multisensorielle, entre modernité et tradition. Même si je les apprécie infiniment, je laisse au Guide Michelin le soin de distinguer ces adresses prestigieuses.

J'ai retenu des restaurants plus accessibles où le cérémonial laisse la place à l'émotion, au plaisir. Je les recommande pour un duo amoureux, un dîner en famille ou même une soirée entre amis. Côté ambiance, les dix tables sélectionnées ne sont pas équivalentes, certains décors sont plus raffinés, plus aboutis. D'autres se concentrent sur la création, sur le goût. Toutes proposent une cuisine de caractère et de saison portée par des chefs passionnés, de belles personnalités. Ils sont à Bordeaux depuis toujours ou depuis quelques mois, attirés par la formidable énergie qui anime la scène culinaire bordelaise.

1. Atelier des Faures

Voilà une pépite au cœur du Bordeaux populaire de Saint-Michel, un gastro de quartier pour amateurs de cuisine fusion. Le restaurant se distingue des devantures voisines aux couleurs de l'Afrique du Nord. Mur en pierres blondes, suspensions en osier et tables en bois, l'esprit est contemporain. Le restaurant est petit, on n'y vient pas pour un rendez-vous love. On est là pour les célèbres gyozas au pastrami et les falafels tendres et parfumés de **Roman Winicki**. On mange au bar en regardant le chef travailler. Sa cuisine créative s'appuie sur des techniques acquises auprès de grands professionnels. Roman a la science des jus et des assaisonnements. Au printemps, j'ai aimé son entrée coques, riz et piquillos travaillée comme un sushi. Frais et acidulé. Pour suivre, j'ai adoré le tataki de bœuf. La viande est marinée dans une vinaigrette soja, huile de sésame et mélasse de grenade. Cuite, elle est nappée d'un jus de veau aux huîtres. Elle est accompagnée de nouilles soba assaisonnées avec la vinaigrette de la marinade. Dessert en verrine en final. Un festival de couleurs, de senteurs, de saveurs.

Bonus : très courte mais bonne sélection de vins à majorité bio.

Atelier des Faures
48, rue des Faures
09 86 42 45 45
Menu le midi 19 €, le soir environ 35 €.
Du mardi au samedi.

2. Le Davoli

Voici une vraie adresse de chef propriétaire au cœur du vieux Bordeaux où les façades sont en bois peint et les murs en pierres blondes. Le décor change en 2019. Je vous laisse le découvrir. En cuisine, **David Grangier** joue la continuité. Formé auprès de Michel Portos et Christopher Coutanceau, il propose une cuisine française, consensuelle, boostée par des parfums d'Asie. Respectueux des saisons et proche de ses fournisseurs, il construit ses assiettes avec beaucoup de technique. En novembre, j'ai aimé ses Saint-Jacques snackées, espuma aux parfums de citronnelle et chou-fleur croquant, un foie gras chaud en chapelure de cacao et navet à l'orange. J'ai adoré sa délicate lotte citron aux jeunes blettes accompagnée d'oignons pickles et de salsifis au porto. Ce soir-là, Le chef mettait l'automne en assiette avec une volaille, purée de topinambour, cèpes, potimarron, crumble châtaigne et purée de coings en note sucrée. Au dessert, le chef s'amuse. Il a glissé un crumble de smacks (céréales du petit-déjeuner) dans sa déclinaison autour de la pomme.

Bonus : belle carte de vins venus de toutes les régions de France.

Le Davoli
13, rue des Bahutiers
05 56 48 22 19
Menu le midi 28 €, menu le soir 42 € et 54 €, à la carte environ 70 €.
Du mardi au samedi.

3. Hâ restaurant

Dans une ruelle proche de la cathédrale, **Grégoire Rousseau** a imaginé un lieu en accord avec sa cuisine, contemporain, lisible, du goût mais de la sobriété, tables en bois brut, carreaux de ciment et papier peint géométrique. La petite salle tout en longueur laisse voir la cuisine ouverte. L'enfant du Périgord nous livre dans un menu surprise une cuisine axée sur la qualité des produits, la précision des cuissons et l'élégance des assiettes. Pas de chi-chi, de la technique et du goût, fruits d'un travail d'apprentissage auprès des meilleurs (Jean-Marie Amat, Jean-François Piège et Alain Ducasse). En septembre, j'y ai goûté une tomate mozzarella revisitée avec des ingrédients de région : crémeux de chèvre et saucisson de marin, ou échine de porc séchée, comme les pêcheurs à la morue en emportaient dans leur voyage au long cours. L'assiette ressemble à un jardin à la française. Pour suivre, un cabillaud et son jus réduit de crustacés. La sauce de belle couleur brune est corsée, très parfumée. Elle vient donner du peps au poisson à la chair nacrée. Au final une déclinaison autour du chocolat, ganache et crème glacée. Très belle expérience.

Bonus : une carte des vins courte mais avec des adresses de vignerons comme le domaine Combier en Crozes ou le domaine Marcel Deiss pour l'Alsace.

Hâ restaurant
50, rue du Hâ
05 57 83 77 10
Menu le midi 34 €, le soir 5 plats 75 €.
Du lundi au vendredi midi et soir.

4. Julien Cruège

Il faut quitter l'hypercentre pour dîner chez **Julien Cruège**, installé dans une maison proche du quartier résidentiel de Caudéran. À l'intérieur, on découvre un bel espace, un peu rock and roll, très décalé et surtout très contemporain. Les tables sont laquées de noir, les chaises signées Eames et la bibliothèque malicieusement garnie d'une collection kitsch de boules à neige. À l'extérieur, une vaste terrasse permet de déjeuner dehors dès avril. Les aménagements en bois très confortables offrent des espaces d'intimité, une rareté à Bordeaux. Le menu du midi à 24 € est une vraie affaire : combo cadre agréable/table élégante/recettes travaillées. Je conseille cependant de choisir celui à 33 € pour découvrir la cuisine produit du chef. Au printemps, je me suis régalée d'un filet de veau rosé, derniers légumes d'hiver, asperges vertes et petits pois nouveaux. En final, les premières gariguettes nature, juste accompagnées d'une pannacotta et d'un biscuit aux épices. Nappes blanches, jolies assiettes, présentations nettes, cuissons parfaites et saveurs subtiles, j'aime beaucoup cette table pour sa cuisine française modernisée.

Bonus : la belle cour intérieure plantée d'érables pour des soirées d'été dans une ambiance guinguette. Les salons privés pour un déjeuner d'affaires ou un dîner en toute intimité.

Julien Cruège
245, rue de Turenne
05 56 81 97 86
Menu le midi 24 €, le soir à partir de 33 €, à la carte 60 €.
Du lundi au vendredi midi et soir.

5. Mesmes'tra

Mon coup de cœur de la deuxième édition. Une pépite quartier Nansouty. Première affaire de **Maxime le Lay** et Leslie Simonetto, un couple mixte aqui-breton. La salle à manger sobrement décorée offre espace et confort. Belles tables en bois venues d'un ancien restaurant, mur en pierres blondes ou tapissé de bleu. Au menu du soir en trois plats, chaque service offre deux choix. En avril, j'ai testé un tout poisson. D'abord un maki de truite des Pyrénées servi sur un velouté cresson et accompagné de pommes de terre confites dans un bouillon dashi. L'assiette graphique et colorée met les sens en éveil. La recette, une association cuisine aux algues et poisson, c'est comme une évidence, un mariage réussi de cultures et de saveurs. J'ai adoré la chair fondante du poisson et le goût si subtil de l'algue nori. Pour suivre, on était sur un merlu de ligne, duxelles de champignons au kalamansi, asperges et beurre maltais, une fantaisie en blanc et vert aussi jolie que bonne à manger. Le chef maîtrise parfaitement les cuissons. Son parcours dans les cuisines des très grands lui a donné la base technique indispensable en gastronomie. En final, le dessert tout choco, tout délicieux.

Bonus : la carte des vins, tout bio, la sélection de Leslie Simonetto, sommelière de métier.

Memes'tra
249, cours de la Somme
05 56 75 55 72
Menu le midi 18 €, le soir 32 €.
Du lundi au samedi midi et soir.

6. Mets Mots

Encore quelques mois et la rue Fondaudège verra la fin du chantier du tramway. Mets Mots aura fait sa place sur cette belle artère qui relie le centre aux quartiers résidentiels de Bordeaux. À la tête du restaurant, un trio formé par le chef **Léo Forget**, son épouse Marion et leur associé Romain Grenet. Ils ont gardé l'essentiel du décor du Bistro de l'Imprimerie qui le précédait dans les lieux, le bar de l'entrée, le sol, les lampes articulées et les chaises d'écolier. La nouveauté, c'est le bleu canard qui colore les murs et le bar. Côté cuisine, le chef, un ancien de chez Gagnaire, nous régale de recettes originales mises en valeur par des assiettes graphiques. Si possible, choisissez le second menu à 58 €. Cinq plats et des ingrédients au top. J'ai adoré une entrée huître, poulpe et trévise. Elle fut suivie d'un filet de Saint-Pierre poché aux aromates et son crumble d'herbes, d'un pigeon sauce cacao/café et d'un dessert aussi délicat que délicieux. Imaginez une base de financier sarrasin garni d'une mousse pralinée noisette et présenté sous forme de trois minitartelettes rondes. Et pour l'équilibre des saveurs, une pannacotta à l'amande amère venait balancer le côté sucré. Un délice.

Bonus : la formule du midi, une vraie affaire.

Mets Mots
98, rue Fondaudège
05 57 83 38 24
Menu le midi 20 €, le soir à 33 et à 58 €.
Du lundi au vendredi le midi, du mardi au vendredi le soir.

7. L'Oiseau bleu

Nous voici rive droite où Frédéric et Sophie Lafon ont installé leur Oiseau bleu dans un bel hôtel particulier du XVIIIe. La salle à manger a été entièrement redécorée en 2016 dans une harmonie de blanc et gris. Un unique mur peint en bleu canard apporte la touche dynamique. Les tables sont bien espacées, les fauteuils confortables, l'espace invite à la détente. Quand le temps le permet, le service se fait en terrasse avec vue sur un adorable jardin de ville. Côté papilles, **François Sauveterre** a pris les commandes de la cuisine. Ancien second de Nicolas Masse à Caudalie, le chef ne manque ni de technique, ni d'idées pour faire évoluer la carte. Avec lui, le déjeuner devient une jolie pause gastronomique : deux amuse-bouche plus une mignardise pour conclure. L'ensemble encadre des assiettes élégantes, des recettes équilibrées, une démonstration de cuisine à la française. Mention toute particulière pour les desserts, le domaine de Guillaume Verdier.

Bonus : la carte des vins, le domaine de Sophie Lafon, sommelière, riche de 350 références. Sa sélection, vingt ans de passion pour le vin, contient des rarissimes flacons. Depuis 2019, Sophie propose au verre des crus d'exception, Haut-Brion où un Échezaux du domaine de la Romanée Conti.

L'Oiseau bleu
127, avenue Thiers
05 56 81 09 39
Menu le midi 28 €, le soir 45 et 70 €.
Du mardi au samedi.

8. Pastel

Nous sommes en bord de Garonne, à deux pas du magnifique musée d'Art contemporain de Bordeaux. **Louis Richard** et Marie Poulin ont conservé au lieu ses attributs du passé, ses boiseries laquées blanches, ses murs en pierres blondes et ses chaises façon bistro. Ils ont apporté de la luminosité et de la modernité avec des suspensions design et un sol en béton ciré. Ils proposent une cuisine du marché, des recettes actuelles et des classiques revisités. Louis Richard privilégie les cuissons courtes, les sauces délicates. Il travaille le produit local, qu'il sublime en jouant avec les épices et les plantes aromatiques. En hiver, il sert le magret associé à des navets blancs rôtis au safran, un légume que l'on trouve sur les marchés à Bordeaux. Dans la cuisine française traditionnelle, le canard s'associe souvent à l'orange. Le chef garde l'idée de l'agrume, de la note acidulée. Il innove avec un kumquat découpé en fines tranches et un jus de poivre Timut aux parfums de citron-pamplemousse. En dessert, on peut retrouver des saveurs d'autrefois comme le délicieux sablé breton, pommes caramélisées et sa quenelle de crème au chocolat blanc.

Bonus : brunch le dimanche midi.

Pastel
2, quai des Chartrons
09 70 98 62 20
Menu le midi 19 €, le soir environ 38 € à la carte.
Du mercredi au dimanche midi. Vendredi et samedi soir.

9. Racines

Quartier Mériadeck, Racines fait l'unanimité. Les Bordelais l'adorent pour ses prix bas et les assiettes créatives de **Daniel Gallacher**. Côté décoration et ambiance, l'adresse reste basique dans l'esprit d'une cantine contemporaine. On était dans les rouges et bois, le bleu plus actuel s'annonce sur les murs ; l'ensemble devrait être revu cette année. Les fidèles s'en fichent, ici l'essentiel est en cuisine. Le chef ne manque ni de technique, ni de référence. Il s'est formé chez Ducasse, au Byblos à Saint-Tropez, au Plaza Athénée avant de s'installer à Bordeaux. Ses assiettes sont d'une grande lisibilité. Daniel Gallacher joue avec les saisons et les produits locaux. Il leur apporte une épice, une sauce exotique, une note inattendue qui fera toute l'originalité de sa recette. Au printemps, son magret de canard aux asperges vertes se la joue exotique avec une sauce tandoori, du kiwi et un crumble aux pistaches épicées. On voyage aussi avec le dessert, une mousse chocolat, crémeux safran, compotée de dattes et biscuit noix de cajou. Si j'ajoute au menu en trois plats l'amuse-bouche et le pré-dessert, je valide l'idée du gastronomique le plus accessible de Bordeaux. Seul défaut à signaler, Racines affiche complet longtemps à l'avance. Soyez prévoyant.

Bonus : cuisine gastronomique à prix bistro.

Racines
59, rue Georges-Bonnac
05 56 98 43 08
Menu le midi 22 €, le soir 32 et 42 €.
Du mardi au samedi.

10. Le Soléna

Proche de la piscine Judaïque et hors du tumulte du centre ville, le Soléna fait partie des valeurs sûres. Depuis son installation en 2016, **Victor Oztronzec**, un ancien de la Côte-Saint-Jacques à Joigny***, s'est fait une jolie place à Bordeaux. Aujourd'hui, sa cuisine bien installée, il s'attaque au décor. En travaux au moment où j'écris, l'adresse sera complètement transformée. Plus de confort, d'espace, du chocolat, du rose, une vraie métamorphose. Côté cuisine, menu surprise, les propositions sont de saison, les recettes bien équilibrées, de l'élégance et du goût. Poissons sauvages, légumes de petits producteurs et produits rares, le chef sublime le meilleur. En mars, j'y ai dégusté les premières asperges et leur béarnaise acidulée. Dans l'assiette, une chlorophylle d'agastache anisée donnait à la recette la note originale et punchy. Pour continuer, une raie, mininavets nouveaux et champignons de Paris crus et cuits. Un plat tout en délicatesse rehaussé d'un bouillon de cochon et d'une émulsion au lard de Colonnata. Tout est maîtrisé, les cuissons, les sauces comme dans la suite, le pigeon, artichaut et kumquat confit. En final, une déclinaison choco-coco en blanc et noir, une démonstration de savoir-faire. C'est net, graphique et gourmand. Bravo.

Bonus : une cuisine au niveau d'un étoilé.

Le Soléna
5, rue Chauffour
05 57 53 28 06
Menus de 45 € à 75 € et 24 € les jeudis et vendredis midi.
Du jeudi au dimanche midi et soir et le mercredi soir.

8
7
1
6
9
3
5
10
4
2

Chapitre 3

BISTROS

Le bistro de papa, c'est le restaurant populaire, l'adresse où l'on mange une cuisine de tradition. Dans le Sud-Ouest, on y allait pour une entrecôte bordelaise, une côte de bœuf et ses frites maison. On y mangeait aussi des plats familiaux, des viandes confites, le canard sous toutes ses formes, le foie gras en terrine, le magret grillé et les cuisses en confit accompagnées de pommes de terre cuites à la graisse. Bordeaux, ville d'histoire, compte nombre de brasseries chics, de lieux iconiques comme le Noailles, un grand classique. Nul besoin de guide pour les trouver. Ma liste, elle, parle de lieux moins connus mais tout à fait remarquables. J'ai volontairement oublié l'hypercentre pour aller vers les Chartrons, ancien quartier des négociants en vin et vers les Capucins, le marché couvert, le ventre de Bordeaux. On y sert les classiques mentionnés plus haut mais aussi une cuisine plus contemporaine. Les chefs ont découvert le potager. La purée de légumes de saison, potimarron, panais en hiver, a remplacé l'assiette de frites. Ce qui n'a pas changé, c'est le décor et l'ambiance gaillarde, l'incontournable bar, les chaises en bois et les déjeuners entre hommes.

1. L'Air de famille

À deux pas des Chartrons, une adresse de quartier à la décoration beige et rouge toute simple. Organisation de bistro authentique : le chef est en cuisine, sa femme en salle, le menu inscrit sur ardoise et l'essentiel dans l'assiette. Mickaël Chartrain et Florence Vacheyroux nous proposent une **cuisine du marché** à prix super serrés, récompensée d'un Bib gourmand au Michelin. Le chef travaille avec talent des produits modestes. Présentés sur un cromesquis de pied de porc, ses poireaux vinaigrette ont la touche sexy que l'on attend d'un classique revisité. En version luxe et avec supplément, le foie gras peut s'inviter au menu. De facture classique, il est twisté par un chutney ananas. En saison, j'ai testé les Saint-Jacques juste snackées et servies sur une galette de pomme de terre. Assiettes généreuses et sauces gourmandes, c'est bon comme chez mamie. On termine façon dimanche à la campagne avec la brioche perdue, confit de poire et sorbet poire maison. Et pour faire passer, l'eau-de-vie de poire de pépé. Le feu et la poire d'Alsace. J'adore.

Bonus : cuisine gastronomique, créative à prix légers.

L'Air de famille
15, rue Albert-Pitres
05 56 52 13 69
Menu 18 € le midi, 33 € le soir.
Le midi du mercredi au vendredi. Le soir du mardi au samedi.

2. Au Bistrot

Dans la partie encore populaire et colorée de Saint-Michel, à la sortie du marché des Capucins, voilà un bistro au décor authentique avec son carrelage en mosaïque de carreaux coupés, ses tables en marbre noir et son monumental comptoir. François Pervillé, un ancien de la Brasserie bordelaise, a le sens de l'ambiance et du visuel. Il a installé le chef face aux convives et mis en avant une collection de cocottes colorées dans lesquelles mijotent légumes et plats à l'ancienne. À la carte, **une vraie proposition de brasserie** : des harengs marinés, une salade de boudin noir de Bigorre et pour suivre un tartare de bœuf, un magret de canard ou une échine de cochon grillé. Les desserts restent dans le référentiel de la cuisine populaire et de famille : on parle de pain perdu, de moelleux au chocolat et d'île flottante. La jolie clientèle bordelaise vient s'y encanailler le temps d'un soir. Elle apprécie la carte des vins, qui commence à prix très doux et s'envole dans les jolis flacons. On peut manger en terrasse pour goûter l'atmosphère multiculturelle du quartier et s'imaginer le temps d'un déjeuner quelque part en Méditerranée.

Bonus : Au Bistrot accueille aussi le dimanche. On peut en faire une halte sympathique au milieu d'une balade à Saint-Michel.

Au Bistrot
61, place des Capucins
06 63 54 21 14
Carte uniquement, environ 40 €, un plat 24 €.
Du mercredi au dimanche.

3. Le Bouchon bordelais

Ici, nous sommes proches de l'hypercentre et de la rue Saint-Rémi, l'artère bordelaise dédiée aux restaurants. Un peu à l'écart, l'adresse affiche pourtant complet dix jours à l'avance pour le dîner. Touristes et locaux viennent y chercher **une cuisine française moderne** et une ambiance décontractée. Le décor est sobre : tables et chaises bistro, menus à l'ardoise accrochés sur les murs de pierre. L'espace limité ne permet pas trop de fantaisie. Le midi, on choisit entre les deux plats du jour. J'y ai testé un très bon riz aux légumes, courgettes farcies et poêlée de seiches. Entre les épices (cumin, curry, paprika), le chorizo et le calamar, j'avais une impression sympathique de paëlla. Ce jour-là, on servait aussi une entrecôte et ses patates nouvelles de l'île de Ré, une bonne proposition pour les carnivores. Le dessert du jour, une dacquoise amande-citron et sa brunoise de mangue, nous a séduit. Je n'aime pas beaucoup le terme de bistronomie, mais il qualifie parfaitement la cuisine du chef, Frédéric Vigouroux.

Bonus : le café canaillou. En mai, il comprenait un café plus un cheesecake combawa-citron vert, une verrine de fraises fraîches au sirop de menthe et citron vert, un macaron vanille et une chantilly framboise, pour 8,50 €.

Le Bouchon bordelais
2, rue Courbin
05 56 44 33 00
Midi plat 11,80 €, grillade 16 €. Menu soir 39 € et 55 €.
Du mardi au vendredi midi et soir. Le samedi soir.

4. Le Champoreau

Dans le quartier Saint-Michel en pleine mutation, le Champoreau joue la carte du bistro authentique. Les murs en pierres apparentes, les tables recouvertes de nappe papier et l'ambiance joyeuse façon troisième mi-temps en font **un lieu convivial pour manger simple et bon**. Rémy Bourget, un ancien de chez Jean Ramet, célèbre cuisinier bordelais, propose deux formules. Un menu à 23 € même le week-end et une carte plus gourmande avec du cochon, du thon et même un risotto pour les végétariens. Pour la formule, rien à dire, c'est vraiment une affaire. Un samedi d'avril, j'y ai goûté un œuf parfait sur velouté de champignons suivi d'une canette et ses petits légumes et d'une charlotte aux fraises. Vraiment bien ! À la carte, les prix font la culbute. Il faut compter entre 23 et 27 € le plat. Je conseille donc le menu, à moins que l'ont soit amateur de spécialités très locales. Ce jour-là, il y avait de la lamproie. Je pense qu'au Champoreau elle valait le détour, tout comme le service sympathique et la carte des vins à prix très raisonnables.

Bonus : sympa pour un apéro entre copains.

Le Champoreau
40, rue Traversanne
05 56 31 96 48
Menu du midi 15 €, le soir 23 €.
Du mardi au samedi midi et soir.

5. Le Charabia

À deux pas du Palais de justice, ce bistro a tout d'une cantine pour gens de robe. Le décor est bien typé : un bar comptoir en bois, un sol façon mosaïque et des chaises d'écolier. Aux commandes depuis l'automne 2018, un duo fraîchement débarqué de Paris avec une carte carnivore décomplexée. Le chef Mikaël Streiff propose une **cuisine canaille**, des associations classiques twistées par une touche de modernité. Pour un repas complet, on fait un mix entre la formule en deux plats et la courte carte imprimée sur feuille de classeur comme au lycée. En février, j'ai testé en entrée un œuf croustillant assorti d'une brunoise topinambour et haddock. Bravo pour le respect de la saisonnalité et l'originalité d'une assiette qui nous change de l'œuf parfait. Pour suivre, une saucisse-purée, c'était super bien vu pour une cantine. Mais ici, on avait une morteau-purée de céleri, plus viril et savoureux que la strasbourg-pomme de terre de notre enfance. En final, une tarte chocolat servie tiède, tranquille mais bien fait.

Bonus : joiles assiettes, recettes créatives à prix doux.

Le Charabia
26, rue du Maréchal-Joffre — 05 56 44 41 74
Formule entrée + plat ou plat + dessert 17 € le midi.
La carte entrée et dessert : 7 € à 9 €, plat 17 €.
Du lundi au vendredi midi et soir.

6. Chez Dupont

Au cœur des Chartrons, l'ancien quartier des négociants et des antiquaires, nous voilà rue Notre-Dame, où se mélangent petits restaurants, brocanteurs et boutiques de créateurs. Chez Dupont, on déjeune en terrasse au milieu des habitués, marchands d'art et décorateurs. Le soir et les jours sans soleil, on s'installe à l'intérieur dans la vaste salle au décor de brasserie cossue : miroirs, chaises bistro mais aussi jolie vaisselle et banquettes confortables. **La cuisine fait la part belle au Sud-Ouest**. On vient pour le cochon, le poulpe, le canard gras et l'incontournable entrecôte travaillée de façon classique mais gourmande. J'ai testé une trilogie de canard à la carte, la côte, le magret et le foie poêlé. L'assiette remplit sa promesse, les cuissons sont justes, le goût est là. Cependant, je conseille de rester sur la formule du midi à 21 €. On choisit parmi trois entrées, trois plats et deux desserts. Pour exemple, mon menu comportait un saumon fumé et son fromage frais citronné, un trio de canard saucisse, magret et manchon suivi d'un parfait fruits de la passion. Le tout bien présenté et très bon !

Bonus : Chez Dupont se dédouble de l'autre côté de la rue, où il accueille les groupes.

Chez Dupont
45, rue Notre-Dame
05 56 81 49 59
Formule déjeuner 21 €, à la carte 45 €.
Du mardi au samedi.

7. Le Mirabelle

Au débouché du cours de la Martinique et en périphérie du quartier des Chartrons, le Mirabelle revisite le bistro à papa avec panache. En premier, on remarque la superbe terrasse à la parisienne avec ses tables rondes en marbre et ses iconiques chaises en rotin, impeccablement alignées devant l'entrée. Ensuite, le décor intérieur séduit par ses couleurs contemporaines. Le jaune mirabelle des banquettes de moleskine, le bleu canard des murs et le sol en carreaux de ciment jaune et bleu. Le décorateur n'a pas oublié les miroirs, un élément fort du bistro. Mais il les a voulus ronds et cerclés de métal, loin des formats rectangulaires des brasseries traditionnelles. Pour la cuisine, on continue dans le **classique revisité**, la couleur et le travail du visuel. En entrée, du maquereau mariné, une terrine de cochon ou des asperges en saison. Pour suivre, une pièce du boucher, un steak de thon ou une poitrine de cochon. En dessert, soupe de fraises, crème brûlée ou un fondant au chocolat parfaitement cuit. Pour accompagner, une carte des vins à prix raisonnables où toutes les régions de France sont représentées.

Bonus : La formule du midi. Généreuse et goûteuse, une vraie bonne affaire pour 15 €.

Le Mirabelle
31, rue Camille-Godard
05 57 82 62 36
Formule déjeuner 15 €, le soir carte 35 €.
Du lundi au samedi.

8. Les Phénomènes

Isolée au milieu des anciens chais, la façade vintage des Phénomènes attire. Elle annonce le programme. Le menu du jour s'affiche sur les vitres et sur les ardoises qui encadrent la devanture en bois délavé. À l'intérieur, c'est ambiance café du coin, rigolade et convivialité, un bar sur la gauche et une rangée de tables lui faisant face. Les habitués, les artisans du quartier, déjeunent là, toujours à la même table. Le patron invite les nouveaux venus à monter à l'étage. Je vous le recommande, on y est super bien. On se croirait dans une cuisine de ferme ou un décor de cinéma avec les boiseries peintes en jaune, le feu dans la cheminée, la collection de casseroles en cuivre au mur et les tableaux vieillissants de paysages de la Côte d'Azur. **Délicieusement rétro** ! Au menu, œuf mimosa ou en cocotte serrano en entrée. Pour suivre, tomates farcies, lomo ou pièce du boucher. En dessert, c'est comme chez mémé : île flottante, crème brûlée ou fraises en saison. Pas de carte des vins, ici, les clients prennent le rouge au pichet. Les consommateurs délicats auront le choix entre deux vins en bouteille. C'est très simple mais bon, et seulement 15 € le menu.

Bonus : le décor vraiment hors d'âge, digne d'un plateau de cinéma.

Les Phénomènes
34, cours du Médoc
05 56 04 29 53
Menu 15 €, plat du jour 10 €.
Du lundi au samedi, midi uniquement.

9. Le P'tit Bar

Voilà une adresse authentique donnant sur le parvis de la basilique Saint-Seurin, merveille de l'art religieux, étape sur la route de Saint-Jacques-de-Compostelle. L'église mérite une visite pour ses volumes, sa statuaire et sa majesté. En sortant, on ne peut manquer le P'tit Bar et sa terrasse en mobilier de rotin rouge et bois. Ce bar à l'ancienne accueille les touristes et les habitants du quartier pour un café, un déjeuner ou un apéro le soir. Le décor reste dans le registre du bistro : sols en carrelage de mosaïque, mobilier en bois, grand comptoir éclairé de suspensions Art déco et miroirs muraux. La cuisine, elle, joue la carte de la modernité. **On y mange un peu comme à la maison**. En mai, nous avons au déjeuner une salade de tomates cerise et avocat suivie de linguines au poulet à l'indienne et d'une tarte aux pommes. Simple et bon. J'ai vu passer un très joli burger avec un petit pain dodu en provenance de la pâtisserie d'en face. À 15,50 €, cela me semble une bonne affaire. Attention, pas de service le soir, juste des planches de charcuterie, du fromage et du pâté basque !

Bonus : le jeudi, soirée apéro-tapas cuisinées à la mode espagnole.

Le P'tit Bar
5, place du Pradeau
09 82 56 87 30
Formule déjeuner 16,50 €.
Du lundi au vendredi midi.

10. L'Univerre

C'est une adresse cachée, à côté de la caserne des pompiers du quartier Mériadeck. On y va sur les recommandations des amateurs de bons vins. Ceux qui aiment faire tomber les quilles adorent ce bistro contemporain. Les murs gris, les tables en résine noire et les deux murs en cave à vins réfrigérée donnent le ton, l'univers est masculin. La cuisine du marché séduira un public mixte. **La courte carte est bien équilibrée entre des plats rustiques comme l'andouillette ou le confit de canard et des produits de la mer.** En février, j'y ai mangé une délicieuse lotte en bourride. Le poisson, presque nature, était servi avec les légumes du pot-au-feu. J'ai aimé la simplicité du plat et la délicate saveur du safran qui parfumait la sauce, un ailloli allégé. Côté boisson, l'Univerre compte environ 1 300 références de vins français et étrangers. À la carte, une des plus jolies de Bordeaux, les stars de la biodynamie côtoient des pépites, des coups de cœur et des grands crus. Au verre, une proposition renouvelée chaque semaine en accord avec la cuisine du chef, 12 domaines entre 6 € et 8 €.

Bonus : les vins de l'Univerre sont en vente à la cave, juste à côté.

L'Univerre
40 rue Lecoq
05 56 23 01 53
Menu le midi 19 € (3 propositions par service), le soir plat 18 € à 26 €.
Du lundi au vendredi.

3
8
10
6
7
2
1
9
5
4

Chapitre 4

CUISINE DU MONDE

Un curry vert et nous voilà plongés dans nos souvenirs de Thaïlande, dans nos yeux des paysages paradisiaques, sous nos pieds le sable blond. Des assiettes en grès rustique, du bœuf mariné au saté et le Japon de nos rêves se rapproche. Avec les restaurants du monde, nous partons souvent en Asie à la découverte d'une cuisine d'une incroyable richesse. Le Japon mystérieux occupe une place de choix. C'est mon hommage au pays des restaurants monoproduits, des tempuras, des nouilles soba, des gyozas et des poissons crus. J'ai la nostalgie de ce monde si différent où l'on parle très peu anglais. On y voue un culte au produit brut comme nulle part ailleurs. Les chefs travaillent l'infinie précision, l'esthétique ultime et le goût originel dans le respect de traditions millénaires. Leur cuisine est devenue une référence, une source d'inspiration pour le monde occidental.

Ma liste parle aussi de pizzas, de soleil et d'Italie, l'autre pays de la gastronomie en Europe. Enfin, on fait un tour en Angleterre. C'est mon clin d'œil anti-Brexit pour dire à nos chers voisins : promis, si vous restez dans la communauté, on goûtera votre cuisine. Mon homme vous le demande aussi, lui, il adore votre bière.

1. Café Mokoji

Rue du Pas-Saint-Georges, nous sommes au cœur de la dolce vita bordelaise, entre les places Camille-Julian et Fernand-Lafargue. Ne vous arrêtez pas à la façade étroite ; le restaurant possède une jolie salle à l'arrière. La décoration, murs marine et tables en bois, joue la fusion Asie-Europe. Passionné de gastronomie française, Jinong Jung est venu étudier nos classiques. Quelques années plus tard, il retourne à ses origines et crée son **restaurant coréen**. Formé chez les plus grands, il a le goût du produit et du fait maison. Chose rarissime, au café Mokoji, les raviolis sont faits sur place à base de viande de chez Louis Ospital. Je vous les recommande frits. Ils sont alors servis avec une salade de choux bien pimentée qui vient donner peps et saveur acidulée. En plat, vous avez six choix dont le fameux bibimbap. C'est une recette traditionnelle, du riz servi dans un gros bol avec son assortiment de légumes et viandes, un œuf au plat on top. Et si vous avez encore faim malgré la générosité des portions, vous pourrez peut-être déguster un hotteok, crêpe coréenne avec une glace potiron maison. Sympa mais assurément moins gourmand que le banoffee, une concession du chef à la cuisine tendance du moment.

Café Mokoji
45, rue du Pas-Saint-Georges
09 87 03 16 91
Entrée 8 €, plat 15 €.
Du lundi au samedi.

2. Chez Dan

Nous sommes au cœur du quartier Saint-Pierre et de ses ruelles étroites. Façade étroite en bois peint de vert, intérieur en pierres blondes, tables et chaises bistro, nous retrouvons les éléments de décor caractéristiques du vieux Bordeaux. À cela, il faut ajouter des notes vintage avec les lustres en verroterie des années 1930, un éclairage tamisé donné par des lanternes de papier, des meubles chinés, un mur recouvert d'une tapisserie de cerisiers en fleur. L'ensemble fait de Chez Dan un lieu unique sous influence asiatique. Harmony et Jérôme Billot, **couple franco-hongkongais**, en ont fait un écrin pour servir une cuisine délicate et parfumée. La soirée se déroule autour d'un menu en cinq ou huit propositions. Le chef travaille le produit local, de saison. Il va le sublimer par des sauces exotiques, des ingrédients venus d'Asie. En avril, j'y ai goûté les premières asperges et l'agneau de printemps. Mon plat préféré, ce jour-là, reste l'entrée : je garde un souvenir ému d'un tartare de Saint-Jacques sauce ponzu, une merveille iodée, acidulée et rafraîchissante.

Bonus : la carte des vins et les conseils très pertinents de la sommelière.

Chez Dan
6, rue du Cancéra
05 40 05 76 91
Menu 58 € ou 75 €.
Du mardi au samedi, le soir.

3. El Nacional

Un coin d'Argentine au cœur des Chartrons, **le spot préféré des amateurs de viande rouge**. Le décor ressemble à nos bistros de quartier avec son grand comptoir et son mobilier en bois sombre. Ce qui change, c'est l'exposition en vitrine du garde-manger. Des quartiers entiers de bœuf vieillissent tranquillement dans les réfrigérateurs vitrés. Le bœuf de Galice, la Simmenthal, la Normande et l'Aubrac jouent les stars sous les yeux des clients. Côte de bœuf, entrecôte ou onglet, tous les morceaux sont cuits à la parrilla, le gril traditionnel. Mes hommes ont adoré un magret de bœuf argentin, une aiguillette servie avec une sauce pimentée. En dehors des grillades, on peut s'initier à **la cuisine argentine**, riche des traditions culinaires importées par les vagues successives d'immigrants. Les influences italiennes et espagnoles sont bien visibles dans les croquetas et les antipasti servis en entrée. Alternative pour les non-carnivores, on oublie les légumes. J'ai tenté mais je n'ai pas gagné. Tomate au gril en mars, je ne valide pas. On peut se rattraper avec une courte proposition de pâtes maison et risotti. Je n'oublie pas les vins, une autre richesse des terroirs argentins à tester absolument pour sublimer le voyage.

Bonus : belle sélection de vins au verre.

El Nacional
23 bis, rue Rhode
05 56 79 22 76
Le midi plat du jour 12 €, formule 22 €, le soir de 40 à 60 €.
Du lundi au samedi.

4. Il Meneghino

Nous sommes cours Victor-Hugo, large artère proche de Saint-Michel. Giovanni a choisi d'installer son café bistro à la milanaise dans ce quartier populaire et coloré. Façade verte, sol en carreaux de ciment et suspensions industrielles ; **l'adresse a l'élégance attendue venant de nos amis italiens**. La cuisine simple et savoureuse est faite sur place, y compris le pain et les croissants du matin. On déjeune autour de la formule. J'y ai testé une mozzarrella in carrozza, un sandwich pain blanc de mozzarella pané et frit. J'ai continué avec une insalata fredda di orzo perlato. Je suis fan d'orge perlé ; donc, j'ai vraiment aimé ce plat végétarien avec ses légumes variés associés aux céréales. Les desserts du jour, tiramisu, pannacotta, mousse noisettes et beignets Bombolone, je n'y ai pas goûté malgré la tentatrice vitrine...

Bonus : formule petit-déjeuner à 6,80 €. Le soir, aperitivo milanese 12 € pour un cocktail/assiette pizza et bruschetta. Le samedi, la carte devient gastronomique.

Il Meneghino
123, cours Victor-Hugo
05 35 31 77 39
Formule le midi 19 €, sauf le samedi carte, tapas le soir.
Du mardi au samedi du petit-déjeuner 8 h au dîner.

5. Ishikawa

Proche de la mairie mais au calme, voici une adresse pour se shooter au Japon. Les amoureux du pays vont adorer l'ambiance : la façade discrète et ses rideaux suspendus appelés noren, la sobriété, les matières nobles et le jardin japonais à l'entrée. Le bel espace est divisé en trois zones. Au fond, la cuisine ouverte s'inscrit dans un bar où l'on s'installe pour manger en regardant le chef travailler, **une organisation typique des comptoirs à sushis**. Côté cuisine, tout nous ramène aux expériences de *diners* traditionnels. Les entrées du midi sont servies par cinq, en portions. Chaque plat est présenté dans un contenant différent, assiette, bol, délicate vaisselle en grès. L'assortiment est classique, omelette roulée, nems maison, porc confit... Ensuite, un tempura de légume, crevette et poisson blanc. En final, en avril, nous étions sur la fraise. J'ai craqué pour une mousse servie sur dacquoise au thé hojicha. Nous revenons donc en France. Madame Ishikawa et sa gourmandise fusion brisent le charme en douceur. Mais c'est certain, nous reviendrons pour un soir au Japon goûter un assortiment de sushis ou l'une des autres spécialités.

Ishikawa
22, rue du Hâ
05 57 99 71 69
Menu du midi 20 €, menu dégustation 38 €.
Du mardi au jeudi midi et soir, vendredi et samedi le soir.

6. Le Maruya

À deux pas de la place Gambetta, dans le quartier des boutiques, Christophe Zang et Willy Shi ont fait du Maruya le meilleur **restaurant japonais** de Bordeaux. Le décor joue la sobriété, du beige et noir, des plafonniers design et des sièges confort. Un peu cantine de luxe, beaucoup après-ciné, l'adresse est célèbre pour ses sushis et autres makis sophistiqués. Le chef Junichi Yamano travaille devant son public, derrière le comptoir qui sépare la salle de la très petite cuisine. Je citerai son maki rossini, un rouleau de crevette recouvert d'un tataki de bœuf et de foie gras frais poêlé, une tuerie, une création comme une passerelle entre la France et l'Asie. Les rouleaux californiens, véritables petites constructions gourmandes, sont incroyables et le tataki de bœuf sauce miso-sésame blanc un régal. Le menu dégustation servi dans une vaisselle en grès coloré nous transporte avec ses saveurs inconnues et ses présentations délicates. On commence par une trilogie de mises en bouche, suivie de trois plats incluant toujours une assiette de sushis et un tempura. On termine par les desserts, recettes européennes sublimées par les parfums de l'Asie, comme la pannacotta au thé matcha ou une crème brûlée au sésame noir.

Bonus : une adresse qui accepte de vous servir jusqu'à 22 h.

Le Maruya
1, rue Fénelon
Menu le midi 15,50 € à 19 €, le soir 35 € à 42 €.
Du lundi au samedi midi et soir.

7. Osteria da Luigi

Dans le vieux Bordeaux aux rues dédiées à la restauration, on pourrait glisser sans la voir devant l'étroite façade de chez Luigi. Ce serait dommage de se priver d'une **authentique adresse tenue par un Napolitain**. L'endroit a tout du bistro de quartier, le mobilier en bois et les nappes à carreaux rouges et blancs. On y sert les classiques de la cuisine méditerranéenne : la mozzarella juste accompagnée de quelques tomates, le bresaola en carpaccio, le poisson simplement grillé. Les pâtes artisanales viennent d'un petit producteur italien. Le pain maison est fabriqué à la pizzeria du patron. Fromages et charcuteries sont importés en direct par Davide de Maria. Cet ancien de l'hôtellerie de luxe sait recevoir. Il nous accueille à l'italienne avec sourire et générosité. Chez lui, partage et convivialité sont au menu chaque jour.

Bonus : terrasse sur la rue pour profiter de l'animation du quartier.

Osteria da Luigi
23, rue du Pas-Saint-Georges
05 56 81 03 80
Menu du midi 17 €, plats 20 €.
Du mardi au dimanche.

8. Quanjude

Dans le célèbre triangle d'or, l'homme d'affaires Yungie Zhou a installé une franchise de cette enseigne chinoise spécialisée dans le **canard laqué**. À Bordeaux, le restaurant ambitionne de reproduire la recette d'origine dans une ambiance de luxe à la française. La salle à manger nous transporte au XVIIIe avec ses fauteuils de style, son lustre de cristal à pampilles et ses boiseries peintes de chinoiseries. Je conseille le canard à partager précédé d'une entrée pour deux. Votre dîner sera accompagné de plusieurs amuse-bouche et d'une surprise du bassin, une huître au yuzu et déclinaison de betterave. Chaque plat est servi dans une vaisselle dédiée, assiette à motif de paysage chinois, bonbonnière sculptée. La découpe du canard reste le grand moment de la soirée. Le maître canard chinois procède devant nous. Il faut se dépêcher de manger, le plat refroidit vite. En premier la peau croustillante, puis la chair tendre et parfumée. On aimerait prendre plus de temps pour confectionner nos petites bouchées avec les fines crêpes, le blanc d'oignon et la sauce soja/sésame/miel. On termine la dégustation par le bouillon de carcasse au tofu et concombre et un dessert Asie-Europe pour les gourmands.

Remarque : rarissime canard laqué à la demande mais adresse luxe à réserver aux occasions spéciales en raison des prix élevés du menu et des vins.

Quanjude
42, allées de Tourny
05 57 14 91 35
Canard laqué 60 €/pers. Menu du midi 38 €, le soir 60 €.
Du mardi au samedi.

9. Sweeney Todd's

Un bon **pub irlandais** à deux pas des quais. La décoration reste dans le classique des bars à manger : banquettes en velours rouge, tables, tabourets et bar en bois vernis, murs saturés de cadres et les incontournables drapeaux au plafond. On y va un soir de match pour l'ambiance rugby bière et burger. On y retourne déjeuner d'un plat du jour aux accents british. Pour les nostalgiques de leur séjour linguistique en Angleterre, je recommande la pie du jour. En avril, j'ai testé une pork pie où sous une belle croûte dorée, la viande se mélangeait gentiment à une riche sauce au cidre et thym. Servie avec des potatoes et accompagnée d'un verre de cidre, cela a fait mon affaire pour le midi. Le burger ne déçoit pas, généreux et savoureux avec son fromage et son bacon venus d'outre-manche. Les desserts, c'est cheesecake et gâteau choco. Je n'ai pas goûté, j'avoue. Next time.

Bonus : six bières originales à la pression, 6,50 € la pinte, assiette petit-déjeuner à 12 € servie toute la semaine – œufs et charcuterie anglaise.

Sweeney Todd's
2, cours Alsace-Lorraine
05 56 48 21 13
Burger 12 €, le double 15 €, club sandwich 12 €.
Ouvert tous les jours à partir de 12 h.

10. Tentazioni

Nous sommes à deux pas de la place Gambetta dans une rue dédiée à la restauration. La salle à manger joue la sobriété. Qu'importe, comme dirait un critique reconnu, on ne mange pas les rideaux. Chez Tentazioni, on se concentre sur l'assiette. Le chef a un talent fou. Chaque soir, il déroule un menu dégustation créatif, riche en saveurs et en accords inattendus. Il cuisine de saison les **produits d'Aquitaine qu'il combine avec des spécialités italiennes**. Ici, la pizza s'invite en montanare, une bouchée pour l'apéritif, et les pâtes en spaghetti portion. En avril, j'ai aimé l'asperge du Perthus et sa brunoise de seiche, une pointe de caviar on top pour un supplément iodé-beurré. J'ai adoré l'agneau rôti à la marjolaine, d'une exquise délicatesse avec une juste pointe boisée donnée par des copeaux d'anguilles fumées. Il y a eu aussi l'étonnante laitue iceberg/ crémeux citron mariée à un étonnant sorbet à l'oseille en pré-dessert, et en final une fraise et sorbet aux pistaches beaucoup plus sage. Le dîner se termine par quelques douceurs, comme chez les grands.

Tentazioni
59, rue du Palais-Gallien
05 56 52 62 12
Le midi, formule 21 €. Le soir, menu dégustation 59 €.
Du jeudi au samedi midi, du mardi au samedi soir.

8
7
4
10
5
6
1
9

Chapitre 5

VÉGÉTARIENS

En 2019, la cuisine végétale continue de progresser. Les précurseurs mangeaient sans viande par conviction, par curiosité ou par économie. Aujourd'hui, les recettes créatives des chefs ont su gagner un nouveau public sensibilisé à une consommation raisonnée de viande. Je parle d'expérience, j'ai trois carnivores à la maison. J'ai pourtant réussi à leur faire aimer les currys de légumes, les risottos crémeux aux champignons et les falafels. Et désormais, ils mangent vert parce que c'est beau et bon.
Nous prenons des plats végétariens dans les restaurants traditionnels, qui sont de plus en plus nombreux à en proposer à leur carte. Régulièrement, nous allons vers les 100 %. Seul frein à notre envie de manger mieux, la majorité des dix sélectionnés sont des adresses fermées le soir. Notez-le bien pour vos réservations, À Bordeaux, le végé, c'est pour la pause déjeuner.

1. La Cuisine de Johanna

Quartier Mériadeck, tout proche de la caserne des pompiers, La Cuisine de Johanna affiche la couleur dès la devanture : green ! Ici règne le végétal. Le restaurant se partage en deux parties. À l'avant les tables des convives et le meuble du buffet au poids, et la caisse, puis sur l'arrière la belle cuisine ouverte et quelques tables. Chez Johanna, **on se sert au buffet une cuisine fraîcheur à base de légumes** (sourcés au marché bio des Chartrons). Il y a du cru et du cuit. En juin, j'y ai goûté une délicieuse salade de chou blanc, sésame noir et gingembre. Il y avait aussi des lentilles beluga à la marocaine. En cuit, j'ai testé un riz thaï, fondue de poireau, tofu grillé au four et graines toastées. Si le buffet est végétal à 100 %, Johanna utilise les œufs dans certaines pâtisseries mais le beurre uniquement dans le fondant au chocolat. Ce restaurant donnera donc aux végans, aux sans lactose et même aux sans gluten la possibilité de faire un délicieux déjeuner. Je plébiscite l'adresse comme une nécessaire pause dans tout régime carnivore. Et la cuisine de Johanna ressemble tellement à la mienne que chez elle je me sentais un peu chez moi. On était presque en famille ce lundi de juin, même bébé était là !

La Cuisine de Johanna
44, cours Anatole-France
05 56 35 81 03
Buffet au poids 23 € le kg, compter 10 € pour une belle assiette.
Du lundi au vendredi de 12 h à 15 h.

2. Dose

Au cœur des Halles de Bacalan (voir page 11), Dose fait figure d'îlot végétal. C'est un beau stand traiteur 100 % bio. **On choisit au bar à salades des spécialités préparées chaque jour.** Pois chiches à la coriandre, carottes au gingembre, chou piquant, chez Dose, on joue avec les épices pour relever les plats. Il y a aussi les steaks de légumes, les blinis fantaisie et les gâteaux maison pour composer son menu. Granola, carrot cake, brownie et banana bread, on retrouve les classiques des coffee bars. Le traiteur propose aussi des boissons bien-être, des smoothies et jus détox à base de fruits frais. Une fois servi, on cherche une table pour s'installer, c'est le principe des Halles. En semaine, il est facile de trouver une place dehors entre ombre et soleil. Le week-end, les choses se compliquent. On doit parfois se contenter d'un bout de comptoir. L'avantage, c'est qu'on lie connaissance avec ses voisin(e)s. On discute, on échange nos bonnes adresses et c'est plutôt sympa.

Dose, les Halles de Bacalan
149, quai de Bacalan
Superbowl du jour 10 €, dessert 4,50 €. Salade au poids entre 25 et 35 € le kg.
Du mardi au jeudi de 8 h à 14 h 30 et de 16 h 30 à 20 h 30 (22 h 30 le jeudi).
Vendredi et samedi 8 h à 22 h 30 et dimanche 8 h à 17 h.

3. Le Garage moderne

Cantine de Bacalan, l'endroit vaut une visite pour son décor incroyable et son projet associatif. Au milieu d'un quartier ouvrier entièrement réhabilité et reconstruit d'immeubles neufs, c'est un ancien entrepôt transformé en atelier de réparation de vélos, espace d'exposition, salle de concert et restaurant le midi. La salle à manger est meublée de tables et chaises désassorties récupérées au fil du temps. Il y a même un ancien bus, le coin préféré des enfants. **On y mange une cuisine comme à la maison, soupe, salade de saison et plat du jour**. Il y a toujours un plat végétarien. En avril, j'ai déjeuné d'une soupe kurde, salade de pâtes et pannacotta aux fruits rouges. Simple et bon. On vient chercher son assiette au comptoir. On s'installe à une table libre, on se fait de nouveaux copains. Et quand on a fini on débarrasse son assiette. Pensez à réserver, dès le printemps la terrasse extérieure fait le plein.

Remarque : pour manger, il faut adhérer. Cotisation 3 €/an.

Le Garage moderne
1, rue des Étrangers, 07 66 20 98 41
Soupe 5 €, salade 5 €, plat du jour 7 €, dessert 3 €.
Soirée-concert tous les jeudis d'avril à novembre.
Mardi au samedi de 12 h à 14 h, bar l'après-midi.

4. Green Corner

Entre Mériadeck et la place Gambetta, voilà une cantine pour manger rapide et frais. La décoration minimaliste permet d'accueillir un nombre important de convives. Au centre se trouve une longue table d'hôtes en bois. Sur la gauche, un comptoir qui lui aussi court tout le long du local. Et, sur la droite, le buffet de présentation. Pour la touche green, on a le sol en gazon synthétique et de fausses plantes en pot. Le petit coin sympa, c'est la miniterrasse du fond avec ses trois tables. On s'installe à la première en face de la fontaine Bouddha et on déjeune en regardant l'eau couler sur le visage de la statue, un moment zen dans la journée. Côté cuisine, on reste dans la simplicité. **La formule en libre-service comprend une assiette à remplir en une seule fois, une minisoupe et un microdessert**. Chacun se sert suivant son appétit et son sens de l'esthétique. Avec les douze salades et les quatre plats chauds, on peut faire joli, créer de petites lignes ou chercher la quantité et empiler les cuillères dans un fourre-tout bien gonflé. Les recettes de la cuisine de maman ont été retravaillées en mode végétarien et vegan, sans surprise mais bien faites. Je valide pour 9,90 €.

Green Corner
18, rue Castelnau-d'Auros
05 56 23 17 55
Assiette complète 9,90 €.
Du lundi au vendredi de 12 h à 15 h.

5. Kitchen Garden

Proche de la place Fernand-Lafargue et de ses multiples cafés pour trentenaires, Kitchen Garden dispose d'une grande visibilité avec sa façade en bois peinte en vert et sa longue vitrine latérale. L'intérieur séduit avec sa belle luminosité. Murs carrelés de blanc, habillés de miroirs fantaisie et d'aquarelles naturalistes, tables en bois brut et chaises bistro désassorties, rien ne manque pour s'imaginer à L.A. ou à Berlin, pas même le sol en carreaux de ciment. La décoration est très réussie. Elle s'inscrit parfaitement dans la tendance vintage. Côté cuisine, **on parle ici de bowl, un plat complet et de saison**. Les assiettes sont généreuses et colorées. Curry de légumes au lait de coco, salade de crus et de cuits et des plats d'inspiration monde, il y a au moins six propositions. En avril j'ai testé le Bad Boy Burger et ses frites de patate douce. Il s'agit d'un buns de boulanger au charbon végétal garni de sauce tomate et soja texturé, sur une base crème d'avocat et champignon portbello. Nutritif et savoureux, c'est le classique copain des burgers végétaux.

Kitchen Garden
22, rue Sainte-Colombe
09 83 37 76 10
Plat + dessert environ 20 €. Brunch le dimanche 22 €.
Du mardi au samedi de 9 h 30 à 18 h 30.
Salon de thé et bar à jus l'après-midi.

6. Massa

Nous sommes dans la tranquille rue des Ayres, et pourtant tout proches de la tumultueuse rue Sainte-Catherine, l'artère la plus commerçante de Bordeaux. Massa est le dernier-né de l'équipe du Miles. Ayako Ota, Gil Elad et Arnaud Lahaut nous invitent au voyage avec leur cuisine orientale née à Beyrouth ou à Jérusalem. Conçu pour le déjeuner, le décor est assez sobre. D'un côté le comptoir de vente, de l'autre une longue banquette de bois clair et ses tables assorties pour consommer sur place. Le carreau de ciment coloré s'invite en tapis au sol et en carrelage de cuisine. Avec les coussins ethniques de la banquette, ils donnent la note vacances au décor. Au menu, **des pains pita garnis d'houmous, de falafels, de légumes grillés ou en pickles**. Il y a aussi les assiettes hommous et les manotes, des plats méditerranéens. En mars, j'ai dégusté une savoureuse chakchouka, sauce tomate et poivron épicée, accompagnée d'un œuf parfait et servie avec le pain pita cuit sur place. Et pour terminer, la glace Massa au tahina, un must. Je conseille de venir à plusieurs, de choisir plusieurs spécialités et de se préparer une table généreuse et colorée comme savent l'apprécier les gens du Sud.

Massa
36, rue des Ayres
05 47 47 89 42
Pita garni 6,50 €, assiette houmous 8,50 €.
Du mardi au dimanche de 12 h à 22 h non stop
(fermeture à 16 h le dimanche).

7. Le P'tit chez moi

À deux pas de l'église Saint-Louis-des-Chartrons et au milieu des derniers antiquaires de la rue, Le P'tit chez moi offre une pause végétale dans un décor vert, gris et blanc (les couleurs changent avec les saisons). Derrière une étroite façade vitrée, on découvre un restaurant tout mignon. Dossiers de chaise, sets de table, rideaux, coussins et autres menus objets acidulés donnent un air pimpant au lieu. La clientèle de passage se mélange aux habitués qui ont fait de cette cantine leur table du midi. On y déjeune d'une assiette composée à partir du buffet. **L'originalité, c'est le tarif au poids, qui permet d'éviter tout gaspillage et de manger à sa faim**. En avril, il y avait du taboulé de chou-fleur, du coleslaw, de l'houmous, un tartare de betterave, une salade de quinoa... Tout est bio, sans gluten et sans lactose, même la mousse au chocolat, que j'ai adorée. Dans la recette de Stéphane, les œufs sont remplacés par le jus de cuisson de pois chiches (l'aquafaba) monté au fouet. On le serre avec du sucre comme une meringue. Le résultat est étonnant, la mousse se tient parfaitement. Elle a un goût prononcé en cacao qui séduira les puristes.

Bonus : remise de 10 % du montant total des tickets à l'issue de 10 visites.

Le P'tit chez moi
46, rue Notre-Dame
05 56 06 47 56
Buffet au poids 2,90 € les 100 g, une salade environ 10 €, dessert 3,50 €.
Du mardi au vendredi de 11 h 30 à 15 h.Samedi de 12 h à 17 h.

8. Rest'o

Proche du pont Chaban-Delmas et de la Cité du Vin, voici une pépite pour les amateurs d'émotions multisensorielles. La salle à manger est petite et assez encombrée avec le nouveau comptoir de vente à emporter. Mais qu'importe le décor, au Rest'o on vient pour **l'incroyable assiette-jardin de Slimane Hamadache**. Le chef se lève à l'aube pour réaliser ses caviars de légumes et ses salades mélangées. Il utilise des produits frais, bio et achetés en circuit court. Au moment du service, il dresse son plat en jouant sur les hauteurs et les couleurs. Il porte lui-même chaque assiette sur table avec d'infinies précautions pour ne pas faire chavirer sa fragile construction. Les convives sont ravis, le spectacle est dans la salle. La dégustation ne déçoit pas, chaque bouchée transporte. Les recettes sont bien épicées et agrémentées de nombreux fruits secs : sésame, noix de cajou torréfiées et amandes enrichissent les préparations. Au dessert, la discrète compagne du chef, Akane Nakazawa, prend le relais. Elle compose un délicat jardin japonais de douceurs sucrées. Un délice !

Bonus : Slim adore échanger sur ses recettes et sa food philosophie. J'adore le personnage.

Rest'o
16, quai de Bacalan
09 52 36 71 38
Assiette unique le midi 16,50 €, le soir 26 €.
Du mercredi au vendredi midi. Les vendredi et samedi soir.

9. La Soupe au caillou

Nous sommes au cœur de Saint-Michel, le quartier encore populaire et cosmopolite de Bordeaux. Malgré un embourgeoisement lié aux importants travaux de réhabilitation, la place reste un lieu de grande mixité sociale. Ici, sous le regard de leurs mamans, les enfants jouent dehors et transforment chaque soir le petit terrain de jeu en place du village. La Soupe au caillou est complètement intégrée dans le paysage et dans l'ambiance. L'été, la façade entièrement vitrée est largement ouverte sur la place. Une terrasse est installée devant, créant une continuité entre le dedans et le dehors. Le soleil est partout, à l'extérieur, sur les murs peints en couleurs toniques et dans l'accueil. On est reçu comme chez les copains avec le sourire et sans manières. **La table est bonne, les recettes, simples mais bien exécutées**.
Voici une adresse « bien manger», une bonne alternative à l'importante offre bistro du quartier.

La Soupe au caillou
6, place du Maucaillou
05 56 78 07 74
Plat 12 €, menu 18 €.
Du lundi au samedi, midi uniquement.
Du mercredi au vendredi, vente à emporter de 17 h à 21 h.

10. La VJ Cantine

Entre Mériadeck et la place Gambetta, Vanessa et Julien, VJ, ont ouvert leur cantine végétarienne. Ils ont transformé un ancien snack en un bel espace blanc et bois. Les plantes exotiques en pots ou peintes sur les murs apportent la touche végétale. Une jungle urbaine réchauffe le décor assez minimaliste. VJ propose une **cuisine du monde à base de produits bio**. Sans être locavore, la cantine favorise le circuit court. Tous les légumes viennent du Local, rue Sainte-Colombe, une plateforme d'achat pour restaurateurs installée dans l'hypercentre de Bordeaux. Chez VJ, on déjeune autour d'un plat à choisir parmi quatre propositions. En février, je me suis installée en terrasse au soleil avec un combo houmous, biryani de légumes et raïta. Les portions sont généreuses, les préparations savoureuses. C'est une cuisine du monde occidentalisée, un peu comme celle de ma copine Clara qui revient toujours de voyage avec les recettes des lieux visités.

La VJ Cantine
6, rue Saint-Sernin — 05 56 30 89 16
Menu 18,90 € boisson incluse, plat 11,90 €.
Du lundi au vendredi midi.
Brunch le dimanche sur réservation 25 €.

8
3
9
6
7
4
5
1
10
2

Chapitre 6

PAUSE DÉJEUNER

Le midi, on privilégie le temps et le prix. Je vous propose donc dix adresses faciles. J'ai glissé un petit gastro au rapport qualité-prix incroyable que je vous laisse découvrir. Ma sélection ambitionne de vous donner un spot à manger dans les quartiers les plus sympas de Bordeaux. Dans cette édition, j'ai donc ajouté deux adresses dans le quartier Victoire-Capucins. Avant de réserver, n'oubliez pas de consulter la page bistro, une bonne alternative pour ceux qui aiment la cuisine canaille.

1. La Cantine gourmande

Enfant de Saint-Augustin, Léo Bensoussan a installé sa cantine entre l'école primaire et le collège Émile-Combes. Cette position stratégique attire une clientèle de très jeunes adolescents, trop heureux d'avoir un QG pour venir déjeuner en bande. Pour la décoration, Léo a joué de simplicité et des codes de l'univers cantine, tables assez basses et chaises d'écolier. La carte est inscrite au tableau noir. On choisit son plat parmi les **salades et les burgers** du moment. Ceux-ci sont réputés pour être les meilleurs de Bordeaux. Le pain dodu et moelleux vient du boulanger, la viande, du boucher, les légumes, du marché, et les sauces sont maison. Côté recettes, Léo propose les classiques américains mais surtout des créations originales comme le Ko phi phi au poulet mariné coco, le végétarien au chèvre et le shabbat burger garni de falafels, d'aubergine, feta, yaourt, menthe et cumin. Une fois la commande passée au comptoir, on s'installe en salle ou dans le jardin situé de l'autre côté de la rue. Les tables sont installées sous une voile d'ombrage et sous les branches d'un bel arbre. Le calme de la petite place, les rires et bavardages des enfants donnent à l'endroit un charme fou. On se croirait dans une guinguette et c'est très sympa.

La Cantine gourmande
2, rue Flornoy
09 81 84 69 12
Burger de 7 à 10 €.
Du mardi au samedi.

2. Chez Hibou

Cantine chinoise, toute proprette et lumineuse, voilà une adresse pour étudiants à deux pas de la Victoire. Pas de chichi dans le décor, juste quelques cadres façon pop art aux murs blancs. Chez Hibou, on s'attable entre copains pour partager des **assiettes de raviolis**. La spécialité de la maison se décline en versions vapeur ou frite. Hormis les nems, tout est fait sur place. La cheffe He Nan et son mari préparent chaque jour les délicieuses bouchées garnies. On choisit parmi les neuf propositions : porc et chou chinois/bœuf et haricot vert/porc, crevette, œuf et ciboulette chinoise... Pour compléter, on ajoute la soupe du jour à 3 € ou une salade de concombre et ciboulette chinoise sauce soja acidulée à 5,50 €. À la carte, on trouve aussi des plats végétariens autour du tofu et des viandes en sauce. Pour les gourmands, je conseille de terminer par une pâtisserie chez Oven heaven (les vendredis et samedis), ce coffee bar où le café est torréfié sur place propose des gourmandises à tomber. C'est juste en face, il suffit de traverser la rue.

Chez Hibou
40, cours de la Marne
Assiettes de raviolis 9,50 €, plat 10 €.
Tous les jours midi et soir sauf mardi, mercredi et dimanche midi.

3. Copine Claude

Au cœur des Chartrons, l'ancien quartier des négociants et des antiquaires a gardé son visage authentique, ses façades en bois colorées et ses nombreuses cantines. Rue Notre-Dame, entre les boutiques de créateurs, les coffee bars et les bistros de toujours, Copine Claude apporte une note chaleureuse et familiale. Ambiance maison de campagne avec les volets taupe en devanture, le carrelage en terre cuite et les tables en bois clair. Claude accueille une belle clientèle d'habitués et de touristes de passage. Ils mangent sur place ou ils emportent. Une vitrine avec des plats froids permet aux plus pressés de se servir eux-mêmes. Les autres prennent place à la table d'hôtes ou au comptoir côté rue. À l'ardoise, une formule en trois plats, **une cuisine simple, salade, tarte aux légumes ou plat du jour**. En boisson, on a le choix entre le vin bio au verre à 3,50 € ou les jus de fruits bio en bouteille. Claude travaille le produit frais, local et de saison. Elle s'approvisionne à 80 % en bio. Une vraie bonne adresse à conjuguer avec une balade dans le quartier.

Bonus : brunch à 20 € le deuxième week-end de chaque mois, samedi et dimanche.

Copine Claude
104, rue Notre-Dame
05 56 08 42 40
Formule du midi entrée + plat + dessert 13,50 €, plat du jour 8,50 €.
Du lundi au vendredi midi, le samedi midi d'avril à juin.

4. L'Instant

Proche de la mairie et du palais de justice, L'Instant fait office de cantine pour les working girls de Bordeaux centre. La salle à manger assez fonctionnelle a des allures d'appartement de trentenaire. Sur la banquette sont déposés pêle-mêle des coussins dépareillés. Le motif jungle revient souvent, en écho à la collection de cactus installée sur les étagères murales. C'est simple et frais comme la cuisine. On vient à L'Instant pour son **assiette du jour généreuse et colorée**. Chaque matin, la cheffe prépare une variation autour de l'assortiment œuf cocotte ou tarte salée/cake/salade de saison. Elle réalise aussi les desserts du jour, cheesecake, tarte tatin ou banoffee. On est dans le registre du coffee bar, des gourmandises tendance. L'ensemble fait de l'adresse un des spots préférés des foodistas, réservation fortement recommandée car l'adresse est souvent complète.

Bonus : brunch le dimanche 23 €.

L'Instant
7, rue des Frères-Bonnie
06 78 62 45 67
Formule 13,50 €.
Du lundi au vendredi midi + dimanche midi.

5. Kokomo cantine américaine

La place Fernand-Lafargue, semi-piétonne, a tout pour séduire avec ses cafés branchés et son ambiance village urbain. Kokomo est bien installé, au centre de la place. On parle bien d'une cantine avec un décor simplissime fait d'un long mur tapissé de palmiers pour la touche exotique, de banquettes en moleskine rouge façon *diner*, et c'est tout. On ajoute une terrasse très sympa équipée de mange-debout en aluminium gris formant une sorte de table d'hôtes. C'est là qu'il faut s'installer pour profiter de l'animation de la rue. Au menu, une courte carte de **burgers à base de viande locale**. Kokomo sert de la blonde d'Aquitaine maturée vingt jours. Parmi les six burgers, je recommande le classique cheeseburger. Et, pour ceux qui aiment les goûts plus prononcés, le Big mamma garni de gorgonzola, confit d'oignon et ricotta. On l'accompagne de cheesy fries, des frites maison à la sauce cheddar. Pour les lecteurs de *Yogume*, il y a aussi une belle salade Caesar avocat (ou poulet). Les burgers sont généreux, le service, jeune et sympathique, les prix, superdoux. J'ajoute qu'on y vient sans réservation. Alors, même s'il faut parfois patienter un peu, c'est tellement bon de savoir que chez Kokomo on finira toujours par avoir une table !

Bonus : ouvert 7 jours sur 7, sans réservation.

Kokomo cantine américaine
9, place Fernand-Lafargue
05 57 30 28 85
Burger 10 € + frites 3 €, Caesar 12 €.
Tous les jours.

6. Mona

La rue de la Vieille-Tour offre une occasion de pause gourmande entre le cours de l'Intendance et la rue Porte-Dijeaux. L'adresse est stratégique pour les adeptes du shopping et les working girls du centre ville. Chez Mona, les copines se retrouvent à tout moment de la journée dans une ambiance coffee bar (bois, suspensions en macramé et couleurs douces). Elles s'installent autour de la grande table d'hôtes pour grignoter la **salade du jour** seule ou en formule Quickly avec un café pour 8,80 €. Les gâteaux très american style sont exposés en vitrine à l'entrée. Aussi bons que jolis à regarder, les tartes aux fruits, les banana breads, les crumbles font craquer les plus sérieuses. En plus des plats du jour, une courte carte : burrata, œuf mimosa et croque-monsieur. C'est simple mais très frais et servi rapidement. Tout cela fait de Mona une adresse très pro, un classique pour le déjeuner.

Bonus : la rue est piétonne, terrasse aux beaux jours. Brunch le dimanche à 22 €.

Mona
20, rue de la Vieille-Tour
05 57 83 61 69
Pâtisserie 4,80 €, plat du jour 10,90 €, croque-monsieur 8 €.
Du mardi au samedi de 9 h à 19 h.

7. L'Originel

Au calme dans une rue de traverse, L'Originel occupe une place à part dans ce guide. Petit gastro, il s'invite à la pause déjeuner pour les jours plaisir. La salle à manger cosy incite à un moment de détente : fauteuils en velours bleu, murs vert amande, tapisserie bambou et jolies tables en bois. Derrière la fenêtre atelier de la cuisine, les deux boss-associés nous mitonnent un **menu de saison**. Les recettes sont simples mais bien équilibrées, les cuissons justes. Les plats sont mis en valeur par une vaisselle moderne et des présentations architecturées. En mars, j'ai aimé la formule composée d'une salade acidulée suivie d'un magret de canard accompagné d'une délicieuse purée de topinambours et ses chips assorties. Le dessert à la carte ne m'a pas déçue. J'ai craqué pour le moelleux noisette, crème pralinée et tuile à l'orange présenté en déstructuré, une gourmandise délicate et délicieuse. Le soir, la carte s'étoffe. La formule donne le choix entre quatre plats à chaque service. Le rapport prix/qualité/goût est top.

L'Originel
35, rue du Loup
05 56 44 21 19
Formule du midi 18 €, le soir 34 €.
Du mardi au samedi.

8. Panya Thip

Nous quittons le centre ville pour gagner Bordeaux Lac. Cette cantine se trouve dans les locaux d'Eurasie, un immense supermarché asiatique réputé dans toute l'Aquitaine. À l'image des cuisines de rue, il n'y a pas vraiment de décor, un plafond laqué rouge, quelques lanternes de papier et en fond un toit façon pagode. L'espace est divisé en deux entre la vitrine de vingt mètres de long où est exposée l'offre de traiteur, les deux comptoirs pour les plats chauds et en face un ensemble de tables en bois pour manger sur place. On peut aussi déjeuner à l'extérieur. Le confort reste très sommaire, les couverts sont en plastique : ici, on vient pour la cuisine uniquement. Il faut absolument tester la **soupe pho**, la spécialité de la maison. Le samedi, elle se décline en trois versions : bœuf, raviolis et crevettes. Elle est proposée dans un bol géant et accompagnée de soja frais, de menthe et de sauce pour la viande. Servie très généreusement, cette soupe traditionnelle vietnamienne constitue à elle seule un repas complet. C'est un vrai bonheur, un retour en Asie, une invitation au voyage.

Bonus : Panya Thip s'emporte pour manger asiatique au bureau ou à la maison.

Panya Thip/Eurasie
10, avenue de Tourville
05 56 29 13 37
Soupe pho 7,30 €, menu express 7,60 €.
Du lundi au samedi de 9 h à 20 h.

9. Very Table

Tout près de la place Gambetta, un restaurant pour déjeuner local et de saison. Au premier niveau, on trouve la cuisine ouverte de François et quelques tables ; à l'étage, un bel espace lumineux. Les murs sont en pierre de Bordeaux, le mobilier en bois se colorie de bleu marine, d'orange et de blanc. L'ensemble dégage une impression de simplicité et de fraîcheur, une bulle de tranquillité à deux pas du centre ville. Les bonnes vibrations traversent aussi les assiettes de François. Il travaille le **produit bio**, réalise de **belles assiettes colorées** qui donnent le premier rôle aux légumes. En automne, j'ai adoré le velouté de radis noir et radis daïkon aux oignons confits, citron vert et curry. Le plat se présente en deux temps. Marion dépose devant nous une assiette contenant la brunoise de radis, puis elle verse le velouté. Un service raffiné assez inhabituel pour une cantine. Pour suivre, nous avions un cabillaud de ligne et son risotto de champignons bio. Même délicatesse et parfait choix de produits, cette very good table est vraiment une pépite.

Bonus : vins bio au verre, vente de légumes bio de petits producteurs.

Very Table
51, rue Judaïque
05 56 01 26 97
Formule 19 €, plat du jour 14 €.
Du mardi au vendredi midi. Le vendredi soir.

10. Wanted Café

Café solidaire, l'adresse combine un projet associatif et une cantine pour les proches du marché des Capucins. Ici on vient manger, partager et faire vivre la Wanted community, groupe d'entraide sur Facebook. La cheffe vient de Dusseldörf mais on se croirait à Ost-Berlin. La décoration éco-vintage fait la part belle au végétal. Les plantes sont suspendues au-dessus du bar, accrochées au mur et dans les jardinières de la terrasse. On s'installe sur une des grandes tables d'hôtes pour un déjeuner entre copains. Kika nous donne **le choix entre deux plats dont un végétarien**. Elle prépare ses menus avec les produits achetés chaque jour au marché. Sa cuisine ne connaît pas de frontière. En mars, j'y ai mangé un taboulé de chou-fleur acidulé et un feuilleté épinard et feta comme en Grèce. Pour finir, il y avait une poire pochée ou un riz au lait comme chez mamie.

Bonus : 2 % du CA mensuel est reversé à une association bordelaise tournée vers l'entraide et la solidarité.

Wanted Café
2, rue des Douves
05 56 75 00 65
Formule le midi 17 €.
Du mardi au samedi de 9 hà minuit + dimanche midi.

8
6
3
9
1
5
10
4
2
7

Chapitre 7

COFFEE BARS & SALONS DE THÉ

Unique anglicisme des rubriques de ce guide, celle-ci porte le nom de ses origines. Le coffee bar nous est arrivé de Californie dans les bagages des hipsters voyageurs. Séduits par ces lieux de sociabilité, ils ont adapté le concept à l'Europe. Les codes sont identiques : un bel endroit, un accueil chaleureux au tutoiement facile, du wifi gratuit et des cafés de spécialité. Peu habitués à prendre leur petit-déjeuner à l'extérieur, les Bordelais investissent les nouveaux cafés vers 10 h pour un rendez-vous macchiato. À midi, les copines y déjeunent d'un buddha bowl ou d'un gâteau ; l'après-midi, les travailleurs nomades s'offrent une pause sucrée. Tous viennent chercher le confort et le bon goût. Fini l'amer petit noir de papa, place au café de qualité et au latte art.
L'offre se partage entre adresses de quartier et véritables temples du café où l'on sert des produits torréfiés maison. Ceux-ci ont converti le pays à la notion de terroir. Ici, à Bordeaux, c'est un concept que l'on comprend parfaitement. Quand les baristas réemploient les mots du vin, on les suit à 100 %.

1. Le Blacklist

Place de la Mairie, derrière l'arrêt de tramway Hôtel-de-Ville se cache un petit coffee shop. Malgré l'intensité de la vie au-dehors, l'endroit offre une bulle de sérénité au cœur de Bordeaux. Le bar se divise dans la longueur entre le comptoir de préparation des boissons et l'espace de dégustation. Celui-ci est fait d'une unique banquette en bois qui court le long du mur et de quatre tables qui marquent la division entre les consommateurs. Dès 8 h, les fidèles s'attablent pour un expresso. Ensuite, les touristes prennent le relais pour un petit-déjeuner ou un plat du jour. La courte carte est centrée sur le café, décliné en versions macchiato, latte, glacé ou toute autre forme qui met en valeur le produit. Ici on ne sert que des cafés de spécialité de chez Oven Heaven, un local. On accompagne sa boisson d'un cookie ou d'un cake maison préparé par Francesca chaque jour. Au déjeuner, elle propose un **plat du jour** (11,50 €) **d'inspiration world food ou une formule buns et salade**. Servi en version carnivore ou végétarienne, le sandwich à base de pain de boulanger dodu et doré m'a beaucoup tenté. Il s'emporte ou est servi sur place avec une salade pour 9 €.

Bonus : brunch le dimanche avec pancakes et avocado toast : 20 €.

Le Blacklist
27, place Pey-Berland
06 89 91 82 65
Expresso 2 €, latte 4 €, petit-déjeuner complet 12,50 €.
Du lundi au vendredi de 8 h à 18 h. Samedi de 9 h 30 à 18 h.
Dimanche de 9 h 30 à 15 h.

2. Le Buro des possibles

Entre Saint-Michel et les quais, voici un café à l'abri du tumulte. À l'image d'un appartement du vieux Bordeaux, l'espace se divise en trois pièces. La décoration emprunte à l'univers récup-vintage avec la touche girly pour adoucir. Il y a des fleurs, des succulentes à acheter et du mobilier comme chez mémé, logique, on est à Saint-Michel, le coin des brocanteurs. On passe du coin salon de thé à la partie coworking selon son besoin du moment. Et pour une réunion de travail, il y a même une salle fermée dans le fond. La cuisine, visible derrière ses fenêtres atelier, envoie des good vibes, des odeurs de pâtisserie. Il y a fusion entre travail et gourmandise. **Les desserts maison sont juste à tomber et la quiche du jour a belle allure** sous sa fine croûte façon crumble. Un après-midi de mars, j'ai craqué pour une tarte spéculos-citron, une merveille. J'étais très tentée par les autres pâtisseries : cake au citron, gâteau renversé poire-gingembre et truffade chocolat. Je ferais bien ma cantine de cet endroit cosy où l'on mange bio et local.

Bonus : espace coworking 5 €/h avec boissons et petites pâtisseries à volonté.

Le Buro des Possibles
2, rue Planterose
05 33 05 74 81
Expresso 1,50 €, latte 4,50 €, part de gâteau 4,50 €, budha bowl 12 €.
Du lundi au vendredi de 9 h à 19 h, brunch le dimanche 22 € de 11 h à 15 h.

3. Café Eriu

Au milieu de la rue Fondaudège en complète mutation, Grace Lohan a installé son coffee bar de quartier. Elle a entièrement rénové le local, a installé la cuisine ouverte en fond et un bar dans l'entrée. Elle a meublé sans surcharger, en laissant de l'espace entre les tables. Elle a joué avec les belles matières, le bois pour les tables, la pierre brute pour les murs. Elle a carrelé l'arrière du bar en vert, la couleur de son Irlande natale. Au final, on a un lieu paisible, lumineux, une bonne alternative aux cafés sombres et étroits du centre ville. **Pour créer sa carte à manger, Grace s'est appuyée sur les recettes de sa grand-mère et le talent de sa cheffe**. Pour le café, elle a recruté un barista de métier. J'ai testé le carrot cake, un délice. J'ai promis de revenir pour le petit-déjeuner. Entre les pancakes et l'Eriu Fry (assiette bacon, saucisse, boudin irlandais, tomates grillées et pain aux pommes de terre), je crois qu'on devrait se régaler.

Bonus : brunch samedi et dimanche, environ 20 €.

Café Eriu
119, rue Fondaudège
Expresso 2 €, latte 4 €, plat déjeuner 10 €.
Du mardi au vendredi 8 h à 18 h, samedi et dimanche de 10 h à 16 h.

4. Café Gusco

Derrière la caserne des pompiers et proche de Mériadeck, cette adresse mérite le détour. Derrière une jolie façade comme une fenêtre d'atelier se cache un torréfacteur de poche. La décoration est très réussie, une combinaison de bleu et de vert. L'entrée fait face à un comptoir habillé de céramique colorée et surmonté d'une superbe machine Marzocco, elle-même laquée bleu canard. Sur la gauche, une banquette réchauffée de coussins verts et jaunes et trois tables lui faisant face. De jolis luminaires en métal et en osier complètent l'ensemble. Un magazine de décoration prendrait bien les lieux pour modèle. Les habitués préfèrent s'installer en terrasse sur la placette. On y déguste son expresso à l'ombre des érables. Petite parenthèse enchantée dans une journée. **Les amateurs de café apprécieront les pures origines**. Pauline Savin ne choisit que des cafés de spécialité qu'elle torréfie en petit volume de 1 kg. Elle a en permanence cinq origines différentes. En avril, on était sur l'Indonésie, la Papouasie, l'Éthiopie, la Colombie et le Mexique. Naturellement, la carte suit les saisons.

Bonus : un plat du jour le midi.

Café Gusco
2, rue Ligier
06 10 37 29 29
Expresso 2 €, latte 4 €.
Du mardi au vendredi de 8 h à 18 h. Le lundi de 8 h à 14 h 30, le samedi de 9 h à 12 h.

5. Café Piha

Entre le cours Pasteur et la rue Sainte-Catherine, cette adresse accueille du petit-déjeuner au goûter. Le décor emprunte à la paillote son mobilier en rotin et son plafond en bambou (du châtaignier en vrai). Dans l'esprit vacances dans les îles, on a aussi les plantes exotiques et l'imprimé ethnique des banquettes. Le concept s'inspire des coffee shops néo-zélandais. Les cafés de petits producteurs sont souvent achetés en direct puis torréfiés sur place dans l'atelier que l'on aperçoit dans le fond. L'idée, c'est de partager une culture café acquise lors de séjours à l'étranger. Chez Piha, on a le goût de transmettre l'art de la dégustation. À cet effet, un tasting est organisé chaque jeudi matin. En plus du café, décliné sous toutes ses formes, on peut se faire plaisir avec une pâtisserie maison. Les gâteaux sont de style anglais : scones, muffins et cookies. Le midi, **on déjeune avec le bowl du jour, des tartines ou une salade**. L'ambiance relax et la belle table d'hôte du fond invitent à rester, on passerait facilement la journée au café Piha.

Bonus : brunch le samedi.

Café Piha
69, rue des Ayres
09 67 80 83 42
Expresso 2 €, latte 4 €, formule midi 10 €
Le lundi de 10 h à 18 h, du mardi au vendredi de 8 h 30 à 18 h 30.
Le samedi de 10 h à 18 h 30, le dimande de 11 h 30 à 13 h 30 pour le brunch.

6. Darwin

Installé dans les locaux d'une ancienne caserne désaffectée, Darwin est, selon ses fondateurs, un lieu alternatif dédié à la coopération économique, à la transition écologique et à l'entrepreneuriat social. Devenu l'emblème du nouveau Bordeaux bio, le bâtiment principal regroupe rive droite **un restaurant doublé d'une épicerie bio** et d'un espace de coworking. Les bâtiments annexes hébergent de nombreuses associations. Les Bordelais se sont approprié l'endroit. Darwin est devenu à la fois un symbole de l'entrepreneuriat créatif et durable et un lieu de visite. On y brunche le dimanche, en famille ou entre copains. J'aime y tenir des rendez-vous de travail autour d'un café. On s'installe dans la vaste salle à manger au décor façon hangar aménagé ou lieu alternatif-créatif. On choisit un des coins canapé. Et là, installés dans ce mobilier tout droit sorti du grenier de mémé, on discute à sa guise. Les cafés, de petits producteurs, sont torréfiés sur place par Arthur Audibert, l'Alchimiste, associé au restaurant depuis son ouverture en 2014.

Darwin
87, quai des Queyries
05 56 77 88 35
Café 1,80 €, latte 4 €, thé 3,50 €. Plat du jour, midi uniquement 12 €.
Du lundi au vendredi de 8 h à 18 h 30, le samedi à partir de 9 h.
Du jeudi au samedi soir minuit, le dimanche de 11 h à 19 h.

7. Michel Mabelle

Dans ce Saint-Michel qui n'en finit pas de se transformer, entre les bazars orientaux et les boutiques de décoration pour bobo nomades, Michel Mabelle, c'est un coffee bar pâtisserie à inscrire dans votre do list d'une journée de balade gourmande. Le décor est raccord avec la tendance nature, pierres blondes, table en bois et bouquets de fleurs séchées. Le café vient de chez Piha, un artisan torréfacteur (voir page 84), **les gâteaux sont faits sur place par la cheffe Nathalie**, une ancienne de l'école Ferrandi. En plus du plat du jour pour le midi, elle réalise des classiques cookies, des financiers, des cheesecakes et de délicieuses pavlovas aux fruits de saison. Je recommande l'adresse aux beaux jours. Installez-vous dehors sur l'une des tables devant le café. Prenez le temps de regarder la vie de cet incroyable quartier, cosmopolite et coloré. Un vrai dépaysement, presque un voyage.

Bonus : samedi et dimanche, brunch : le mini 11, 50 € le max 19 €

Michel Mabelle
33, rue Gaspard-Philippe
05 57 67 34 39
Du mercredi au dimanche de 10 h à 19 h – fermeture à 17 h le dimanche.

8. La Pelle Café

Une des plus jolies adresses de ce guide dans le quartier des Chartrons si cher aux néo-Bordelais. Au milieu des boutiques de créateurs et des derniers brocanteurs de la rue, voici un lieu pour un café le matin, un plat du jour à midi ou un rendez-vous de travail l'après-midi. Le décor témoigne du passé de designer du propriétaire : murs peints en bleu intense, sol en carreaux de ciment et tables en bois. Carlos Pereira travaille sous nos yeux dans la partie arrière du café. **Il torréfie des cafés de spécialité, des pures origines qu'il sélectionne chez de petits producteurs**. Sur place, on peut déguster un Brésil (une merveille de douceur et de longueur en bouche) ou un Honduras. Alexis, le barista, conseille et réalise un café en version expresso, latte, macchiato ou un slow, un café filtre. Je n'oublie pas le brunch, un des meilleurs de Bordeaux. Il se présente sous forme d'une assiette avec toast-saumon/œufs brouillés/charcuterie/granola maison/salade de fruits et boisson chaude et froide. Tout est frais et de bonne provenance.

Bonus : brunch le dimanche 20 €, option végétarienne.

La Pelle Café
29, rue Notre-Dame
05 56 81 69 24
Expresso 1,90 €, latte 4,20 €.
Du mardi au vendredi de 9 h à 18 h.
Samedi et dimanche de 10 h à 18 h.

9. Sip

Côté mairie, un bel espace à demi caché par une entrée décalée. À l'intérieur, une ambiance récup vintage comme à Berlin. La décoration combine le bois, le fer et la pierre brute, des belles matières. Julie, l'animatrice des lieux, a laissé au sol le vieux plancher à chevrons. Au mur, elle a apporté une touche bleu canard. Elle a surtout bricolé des tables rustiques avec des planches de coffrage à béton montées sur des pieds d'anciennes machines à coudre. On prend commande au comptoir puis on s'installe en bas. À deux, on monte à l'étage sur la mezzanine dans une atmosphère plus intime. Sip ouvre non stop. On y déguste **un café de spécialité le matin, une assiette végétarienne le midi et un thé pâtisserie l'après-midi**. Les douceurs maison, carrot cake, banana bread et fondant au chocolat sans gluten, sont réalisées par le frère de Julie. Chez Sip, on se retrouve entre copines ou on vient travailler en mode relax. Le wifi gratuit en fait un bureau pour les travailleurs nomades. Ils sont les bienvenus sauf le samedi après-midi, pour permettre à tous de profiter des lieux.

Bonus : brunch le samedi midi à 20 €.

Sip
69 bis, rue des Trois-Conils
07 83 85 04 24
Expresso blend 2 €, latte 4 €, veggie bowl 11,50 €.
Du lundi au samedi de 8 h 30 à 18 h 30.

10. Verde Nero

Le café occupe un emplacement stratégique entre la rue Sainte-Catherine, l'artère commerçante de Bordeaux, et le quartier Fernand-Lafargue, rue Saint-James, aux adresses plus boutiques. On y prend le petit-déjeuner en terrasse. On y déjeune d'une quiche ou d'un veggie bowl. On y travaille au calme l'après-midi en grignotant un muffin aux myrtilles. Le Verde Nero offre un bel espace divisé en plusieurs ambiances. À l'entrée, le bar fait face à une longue banquette, au centre se trouvent des tables en bois vintage et leurs chaises en métal. Ensuite viennent l'espace anglais avec ses gros fauteuils en cuir et sa bibliothèque et, dans le fond, de vastes tables pour s'installer entre copains. On y boit son expresso, son macchiato, son latte ou un chocolat chaud. Le café, un blend équilibré et doux, est torréfié maison. Pour accompagner, une pâtisserie maison, cake, brownie ou muffin. Il y a aussi les formules petit-déjeuner tartine, anglais et bien-être. **Le midi, salade, quiche ou club verde**.

Bonus : brunch le dimanche à 21 € avec jus de fruits frais, tartine jambon de pays, granola, carrot cake, une soupe en hiver et boisson chaude à volonté.

Verde Nero
24, rue des Ayres
05 57 34 46 41
Expresso 2 €, latte 3,80 €, plat du jour 10 €.
Du mardi au samedi de 9 h 30 à 18 h 30.
Le dimanche et le lundi de 11 h à 18 h.

10
6
5
7
3
9
1
2
8
4

Chapitre 8

BRUNCHS

Notre chouchou, notre plaisir du dimanche, le brunch met de la fantaisie dans nos repas. Avec lui, on casse la routine, on s'affranchit des règles et des conventions. On voyage, on expérimente, on mange comme à Stockholm ou à New York. Le sucré se mélange au salé, le cocktail au jus de fruits, on invente sans contraintes. Toutes les générations plébiscitent cette nouvelle habitude venue de nos amis anglo-saxons. Les parents sont cool, les filles se vengent sur les gâteaux et les petits picorent dans tous les plats. Les milléniums en ont fait leur routine du week-end, un moment de convivialité qui prolonge parfois la soirée du samedi entre copains. J'ai sélectionné deux types d'adresses à l'équilibre entre le coffee bar et le restaurant du midi.

1. The Breakfast Club

David Perterkin n'a pas attendu que la scène culinaire bordelaise s'installe rue des Ayres pour s'y implanter. Il fut l'un des premiers à découvrir le potentiel de cette rue proche de la dynamique rue Sainte-Catherine. Les lieux sont décorés simplement dans un esprit bistro. La référence à l'Angleterre est dans les détails. Sur chaque table, l'assortiment de sauces en pot (Colman's Mustard, Marmite) et la carte illustrée d'un royal portrait nous ramènent à nos souvenirs de séjours linguistiques. Je me réjouissais donc à l'idée de découvrir la cuisine de David, apprise au côté de sa mère. Du pub familial, il a conservé l'essentiel. Il a traversé la Manche avec les recettes des scones, des crumpets, des beans on toast. Les charcuteries sont livrées chaque semaine d'Angleterre. Vous comprendrez donc que **cette adresse est certainement la meilleure pour ceux qui aiment *The English Breakfast***. Composé de bacon, œuf, saucisse, galette de pomme de terre, toast et thé, il est servi tous les jours. Le brunch, lui, est réservé au dimanche. Il comprend les classiques thés, jus d'orange, crumpet, scone, pain et cheddar, une assiette d'œufs, bacon et tomates, plus un dessert au choix.

Bonus : vegetarian breakfast avec les saucisses McCartneys.

The Breakfast Club
27, rue des Ayres
09 80 48 48 19
Brunch 19 €, The English Breakfast 11 €.
Du mercredi au dimanche de 10 h à 18 h.

2. Café Kokomo

Dans le quartier Victor-Hugo en plein renouveau, Café Kokomo occupe l'angle stratégique de la rue Ravez et de la rue des Ayres. Grâce à la piétonnisation, terrasses et restaurants à la mode ont prospéré dans cet îlot longtemps délaissé. Il affiche aujourd'hui un air de village de la food. Café Kokomo, un des précurseurs, est la deuxième adresse de Damien Menaldo (voir page 72). Au café, il a voulu donner une ambiance beach bar à la californienne. Il a recouvert les murs de carreaux de faïence émeraude, installé du mobilier en formica coloré et ajouté une planche de surf pour finaliser son décor. Côté cuisine, il décline chaque jour des formules petit-déjeuner et brunch. En semaine, il ajoute le bowl du jour. On est servi par une équipe jeune en look week-end à la plage. Elle a le tutoiement facile avec sa clientèle, créant ainsi une atmosphère très cool. **Le menu reprend les classiques du petit-déjeuner américain**. On peut choisir le pancake en version salée au bacon et aux œufs ou sucrée avec granola et fruits frais. Il y a aussi l'incontournable avocado toast, le péché mignon des végétariennes, et les smoothies détox. Seul point négatif : le dimanche, il faut souvent patienter une demi-heure pour avoir une table.

Café Kokomo
14, rue Ravez
05 57 34 48 69
Expresso 2 €, brunch 20 €, bowl du jour 10 €.
Du lundi au dimanche.

3. Contrast

Entre la cathédrale et le cours de l'Intendance, nous sommes en face de l'hôtel du Quartier Général. Contrast fait bonne figure au milieu des somptueuses façades en pierre d'Aquitaine des bâtiments environnants. La décoration tout en coloris neutres, blanc, beige et gris clair s'harmonise à la perfection avec le quartier. Mobilier en rotin, luminaires en paille et une jolie suspension en macramé, chez Contrast, on s'imagine en Asie, dans un hôtel de plage entre Phuket et Bali. L'ensemble invite à la nonchalance. Le brunch est une merveille. Les minipancakes sont parfumés à la vanille, le smoothie bowl vitaminé et les tartines avocat bien épicées. **Tout est frais, bien cuisiné et présenté dans une jolie vaisselle en grès**. Pour l'espace, le confort et la qualité des produits, je place Contrast à la première place de cette rubrique. Attention, ici tout est fait du jour. Il est préférable de venir avant 11 h 30 car les produits peuvent manquer. Plus tard, on aura toujours le pokebowl. Celui-ci se compose de saumon mariné et de crudités.

Bonus : le brunch vegan à 25 €. Les tartines sont à base de patate douce rôtie. Les pancakes, sans gluten, se composent de farine de riz, banane et yaourt coco.

Contrast
40, rue Vital-Carles
05 57 99 45 03
Brunch tous les jours 22 €, latte 4 €, jus frais 5 €.
Du lundi au dimanche de 9 h 30 à 18 h 30, brunch de 10 h à 13 h.
Fermé le jeudi. Sans réservation.

4. Excuse my french Café

Dans le quartier Saint-Michel en pleine mutation, Sam et Loubna ont monté de toutes pièces une salle à petit-déjeuner. Ils ont repeint les murs avec un orange tonique, installé une cuisine ouverte et bricolé des tables en contreplaqué. Pour le mobilier, ils ont joué le vintage, buffet de grandma et chaises désassorties. L'ensemble crée une ambiance jeune et détendue. C'est parfait pour une pause en matinée. Le brunch est servi tous les dimanches en version large et en small pour la semaine. **Œufs brouillés, pancakes, scones et une boisson chaude** : Sam reste dans le classique anglais. Il cuisine comme il l'a toujours vu faire dans les pubs de son Angleterre natale. Ses scones dorés et dodus sont remarquables, pour moi les meilleurs de Bordeaux. En plus du petit-déjeuner, Excuse my french Café offre une alternative à la cuisine méditerranéenne du quartier. Toute la journée, le chef prépare des british sandwichs. Il garnit ses muffins d'un mélange maison : œufs brouillés + feta + tomates séchées + roquette + cream cheese/baked beans + cheese...

Excuse my french Café
87, rue des Faures
05 56 94 05 23
Brunch en semaine 13,50 €, le dimanche 19 €.
Formule déjeuner meat pie + yaourt aux fruits frais 10,50 €.
Du mercredi au vendredi de 8 h à 17 h. Les samedi et dimanche de 10 h à 17 h.

5. Horace

Proche de la mairie de Bordeaux, mais dans une ruelle toute tranquille se trouve le salon de thé adoré des Bordelaises. L'abiance est en blanc et bleu, le bar habillé de carreaux zellige, des images très photo magazine sur les murs. Une unique banquette court le long du mur latéral. On s'y installe, bien calé dans les coussins. Dès 8 h 30, on peut y prendre un petit-déjeuner complet. À midi, on sert un plat du jour, assiette végétarienne, bouillon en hiver, salade et ceviche en été. Le dimanche, **le brunch se compose d'un plat chaud, de jus de fruits frais, d'une boisson chaude et d'une pâtisserie maison**. Tout est très frais et bien sourcé. Pour les puristes, notez qu'Horace ne sert que des cafés de spécialité. Et je n'oublie pas le vin, une vraie originalité pour un coffee bar. La carte permet de faire de belles découvertes à prix très raisonnables. J'ai relevé, en bordeaux, château Peybonhomme, vignobles Paul Barre, clos Puy Arnaud, des presque classiques de la biodynamie locale. Je termine par l'esthétique des plats. Les créations du chef sont parfaitement mises en valeur par une sobre vaisselle en céramique japonaise.

Horace
40, rue Poquelin-Molière
05 56 90 01 93
Brunch 22 €, assiette déjeuner 12 € à 14 €.
Du lundi au vendredi de 8 h 30 à 18 h 30.
Les samedi et dimanche de 9 h 30 à 18 h 30.

6. Koeben

À deux pas de la place Gambetta, Peter Johansen et Lucien ont créé un coffee bar à voyager, un lieu unique et chaleureux. La décoration en bleu et blanc, les tables et chaises de bois clair nous parlent du Danemark. Sur les murs sont exposées les estampes digitales de Sandrine Richard sur le thème du Nord et du Viking. Nous sommes accueillis comme chez des amis. Les tables sont mises, le buffet est dressé. **Le menu s'articule autour des poissons, des viandes froides et du rugbrod, le pain de seigle maison**. C'est la base du smorrebrod, le sandwich ouvert emblématique de la cuisine nordique. Ici, on le prépare avec du hareng, du saumon ou du leverpostey. Le hareng se déguste en trois façons : nature accompagné d'oignon rouge et d'œuf mimosa, mariné dans une réduction de betterave parfumée aux épices ou nappé de sauce curry. Les sauces maison apportent goût et originalité. Les oignons frits, le bacon séché au four, la sauce à l'aneth font la subtilité de la cuisine danoise. Les desserts ? Un choix de cakes, une salade de fruits de saison et pas moins de huit verrines. Mes préférées ont le goût du dimanche en famille : forêt noire et tarte tatin. Chacune est décorée dans l'esprit de la recette, caramel pour la tatin, cerise confite pour la forêt noire. C'est délicat et délicieux.

Koeben
32, rue du Palais-Gallien
09 86 15 02 20
Soupe du jour 4,50 € plat du jour 10,50 €.
Brunch-buffet à volonté le dimanche 33 € sur réservation.
Du mardi au samedi de 9 h à 18 h, dimanche de 11 h 30 à 13 h 30.

7. Mama Shelter

En 2013, Serge Trigano et Philippe Starck redonnaient vie à la Tour du gaz, un monument des années 1930. Le génial designer a travaillé dans les moindres détails pour créer un lieu unique, une enclave arty, ludique et décalée. On retrouve au restaurant les accessoires signature des Mama. Un baby-foot invite à lâcher prise. L'iconique rangée de bouées de plage habille le bar. Au rez-de-chaussée, l'espace se divise entre la salle à manger et le bar monumental. Le dimanche, le buffet à volonté y est installé, face à la cuisine ouverte. **Le brunch combine tous les ingrédients du petit-déjeuner avec des plats salés servis en cocotte et un assortiment de desserts**. La formule fait le bonheur des ados et des gourmands. Les plus raisonnables feront un choix entre le saumon en trois façons fumé, gravlax ou cuit et accompagné de légumes, les charcuteries et les salades variées. Ils garderont une place pour les tartes, crumbles et autres panacottas. Je recommande l'adresse pour un dimanche en famille, pour profiter pleinement de l'espace et du confort de la vaste salle à manger.

Bonus : Le roof top ouvert pour le déjeuner et le dîner en saison.

Mama Shelter
19, rue Poquelin-Molière
05 57 30 45 36
Petit-déjeuner buffet 17 €, brunch le dimanche 39 €.
Du lundi au dimanche.

8. Pâtisserie S

Entre Saint-Pierre et Saint Michel et à deux pas des quais de Garonne, Pâtisserie S est une adresse sucrée sous influence japonaise. Le bel espace se divise en deux parties. À l'avant, un long comptoir de présentation fait face à un sage alignement de tables bistro en marbre et de chaises canées, rotin naturel et assise tressée noir et blanc. Les murs de pierre sont laissés bruts, le sol est dallé de beige. À l'arrière, une vaste cuisine ouverte dans laquelle les pâtissiers travaillent sous nos yeux. Les chefs Satomi et Stanley Chan se sont formés dans les cuisines des plus grands restaurants français. Ils ont réalisé ici un mariage entre la sobriété, l'épure de leur Japon natal et le luxe de la pâtisserie de palace. Au salon de thé, on peut déguster un des gâteaux du jour, millefeuille, forêt rouge, religieuse au café... Le samedi et le dimanche, **on se régale d'un délicieux brunch sucré**. Il se compose d'un pain melon, de pain de mie japonais et d'une viennoiserie au beurre d'Échiré. Il est accompagné d'un cake et d'une salade de fruits frais. Un pur moment de délicatesse.

Bonus : délicieux sandwichs pour la pause déjeuner. Merveilleux gâteaux individuels légers et raffinés.

Pâtisserie S
8, cours Alsace-Lorraine
05 56 06 94 54
Gâteau individuel 4 à 5 €, expresso 2 €, latte 4 €.
Du mardi au samedi de 10 h à 19 h, le dimanche de 9 h à 13 h.

9. Plume

Plume est installé dans une petite rue tranquille de l'hypercentre, à deux pas de la cathédrale. Pionnier des adresses gourmandes pour le matin de Bordeaux, le restaurant est devenu un lieu de vie pour le quartier. **On y vient pour un café, un petit-déjeuner healthy, et un brunch le dimanche**. La décoration reprend les codes du bistro avec les tables en bois et les chaises au dossier courbé. La vaste salle à manger se partage entre l'espace client et le comptoir de présentation. On vient y faire sa commande, choisir parmi les pâtisseries exposées en vitrine. De 10 h à 12 h, le petit-déjeuner est en formule, mais on peut aussi prendre les plats à la carte. Le Classic, pain, boisson chaude et fruit frais, et le Healthy, fromage blanc, granola, boisson chaude et fruit frais, sont tous les deux à 9,70 €. Ensuite, au moment de la pause déjeuner, Plume propose des burgers, des salades et un plat du jour chaud. Le dimanche, Plume sort son gros brunch : boissons chaudes à volonté, un muffin, une corbeille de pain, du fromage blanc et son granola, des beans à la tomate, une saucisse fumée, une tranche de jambon de pays et une tranche de jambon blanc. J'oubliais la tortilla et sa salade, le fromage de brebis et le verre de thé glacé. Tout est fait maison, à base de produits frais de la région.

Plume
32, rue de Cheverus
09 81 18 69 55
Latte 3,50 €, smoothie 4,90 €, salade 14 €, brunch le dimanche 22 €.
Du lundi au samedi de 10 h à 19 h, le dimanche de 10 h à 15 h.

10. La Vie en rose

Sur la place du marché des Chartrons, voilà un salon de thé classique avec des étagères épicerie aux murs et de sages tables en bois. Le décor importe peu, l'essentiel est dans l'assiette. Ce qui retient l'attention ici, ce sont les bonnes odeurs de pâtisserie. Du four s'échappent des parfums sucrés, chocolatés qui mettent nos bonnes résolutions à l'épreuve. Dès le matin, on s'active dans la cuisine-comptoir pour préparer les tartes du jour et les nombreux gâteaux. **Le petit-déjeuner classique ou façon brunch est servi tous les jours**. Il se compose d'une base à la française avec une corbeille de pains fantaisie et un croissant, une orange pressée et une boisson chaude. On lui ajoute des œufs au jambon servis avec une salade. Les gourmands peuvent naturellement compléter avec un gâteau. Après 11 h, La Vie en rose passe en mode déjeuner. On y mange de délicieuses quiches généreusement garnies en légumes ou viande. Dans l'après-midi, on vient profiter du calme et de la belle sélection de thés.

Bonus : tables en terrasse aux beaux jours pour profiter de l'ambiance des Chartrons.

La Vie en rose
8, rue Sicard
05 56 48 03 44
Petit-déjeuner classique 9 €, brunch 15 €, formule le midi 15 €.
Du lundi au samedi de 9 h à 19 h.

1
9
5
3
8
4
2
10
6
7

Chapitre 9

OUVERTS LE DIMANCHE

Un restaurant le dimanche, cela sonne comme des retrouvailles en famille, un baptême, une communion. On traîne à table, on mange trop, on parle fort, on finit à quatre heures épuisé et légèrement ivre d'avoir trop fêté mémé. Un peu cliché ? Pas faux, au XXIe siècle, on préfère la décontraction d'un brunch au rituel du repas traditionnel (voir la rubrique dédiée).

Oui mais parfois, on a envie d'un vrai restaurant ce jour-là et les choses se compliquent. La majorité des chefs sont de repos. J'ai failli renoncer à vous trouver dix bons plans. Je vous aurais laissé aller au hasard des rues dans une des institutions bordelaises ouvertes le dimanche. Au pire, vous finissiez à l'Entrecôte, viande et frites à volonté dans une sauce onctueuse, personne ne s'en plaindra. Mais à force de chercher, j'ai trouvé quelques pépites, dont un restaurant gastronomique à réserver longtemps à l'avance. J'ai ajouté une brasserie, deux italiens et trois fast food asiatiques pour manger sympa à prix maîtrisés. Ce guide vous donne l'assurance de ne pas finir au restaurant américain préféré des enfants.

1. Le Café gourmand

Voici une adresse facile pour manger dans l'hypercentre. Idéalement situé place des Grands-Hommes, le restaurant accueille les habitués du quartier, les touristes et les Bordelais en mode shopping. La décoration balance entre une ambiance bistro et le *diner* américain. À l'extérieur, on déjeune en terrasse, à la parisienne, tables rondes et chaises en rotin tressé bleu et noir. À l'intérieur, l'Amérique s'invite sous forme d'une boîte d'affichage lumineuse où sont inscrites les informations importantes du moment. Sur le mur, on a encadré le *Times Magazine*. Au menu, **un grand choix de burgers et des classiques de la cuisine de brasserie** : entrecôte, tartare et pavé de saumon. Je recommande le burger californien avec son petit pain brioché moelleux, le beefsteak dodu et sa garniture avocat-pastrami-cheddar. Miam ! Pour ne rien gâcher, les frites sont fraîches et bien dorées. Que demander de plus pour un dimanche en terrasse ?

Bonus : ouvert 7 jours sur 7.

Le Café gourmand
3, rue Buffon
05 56 79 23 85
Burger ou plat de 17 € à 20 €.
Tous les jours.

2. Écho

Idéalement placé au dos de l'église Saint-Pierre, Écho attire le regard avec sa belle entrée et sa porte cintrée peinte en anthracite. L'intérieur, une salle lumineuse, est divisé entre la salle à manger meublée façon bistro en bois et un comptoir-bar carrelé en blanc et gris. Le chef y termine les assiettes devant les clients. L'ambiance décontractée et la cuisine fusion attirent une jolie clientèle mélangée de Bordelais et de touristes. À la carte, huit entrées en petites assiettes, quatre plats et quatre desserts. Les « tradi » choisiront chacun un plat, les curieux prendront plusieurs entrées à partager. Difficile de choisir, en effet, tant la **carte cosmopolite et branchée** donne envie. On y trouve des classiques italiens, polenta croustillante ou burrata, des ravioles comme en Asie et les ribs américains. Le fil conducteur de cette cuisine, c'est le travail sur les sauces, les condiments. J'ai adoré le jus corsé, parfums de gingembre et de combawa, qui accompagnait les ravioles ; un bel équilibre entre l'acidulé et le piquant. C'est très réussi comme la purée à la vanille des ribs ; le côté sucré est bien relevé par des pickles de betterave.

Bonus : la carte des vins, essentiellement du bio, voire des vins nature.

Écho
18, rue de la Cour-des-Aides
05 56 81 69 95
Entrée 8 €, plat 16 €.
Du mardi au vendredi le midi, samedi et dimanche midi et soir.

3. Lume

Une minitrattoria cachée entre les places de la Bourse et du Parlement où déguster une **cuisine vénitienne** raffinée. Revu en 2018, le décor mise sur le confort des convives. Tables en bois exotique de créateur, chaises-fauteuils en velours beige et toujours la collection de miroirs anciens aux murs, l'ambiance est chaleureuse. En cuisine, Riccardo, le chef-propriétaire, travaille à la confection du pain, des pâtes maison et de toutes les autres préparations minute. Il utilise essentiellement des ingrédients bio achetés auprès de petites entreprises vénitiennes. En salle, Alice, sa compagne, sait à merveille vous parler de la cuisine de son amoureux et des vins sélectionnés chez des petits producteurs. Difficile de recommander un plat. Tout est délicieux et délicatement parfumé. Dans le menu de saison, j'ai adoré les Saint-Jacques du mois de janvier, servies accompagnées de lentilles et de lard de Colonnata. J'ai aussi goûté de succulents gnocchis aux fruits de mer. Ultime conseil : votre sélection faite, ajoutez une assiette de charcuterie au menu, pour 10 €. Accompagnez-la d'un verre de vin bio, histoire de lâcher prise avec gourmandise et générosité.

Bonus : si le restaurant est complet, tentez votre chance à 22 h 30.
Le second service est sans réservation.

Lume
3, rue des Faussets
05 47 79 47 56
Menu 42 €.
Ouvert le soir du jeudi au lundi.

4. Melobowls

La rue des Remparts, une de mes préférées pour ses boutiques de déco et ses spots à manger relie la place Gambetta à celle de la mairie. Elle appartient aux incontournables d'une balade en centre ville. Melobowls, ouvert 7/7, offre une **alternative fraîcheur bienvenue pour le déjeuner**. Le cadre est tout mignon, avec une décoration très nature, coussins en macramé et fleurs séchées. Chez Melobowls, on commande au comptoir puis on s'installe sur une des tables en bois. La base du bol est fixe et varie avec les saisons. On choisit juste la protéine qui en fait un repas complet. Pas vraiment fan de saumon ou de crevettes d'importation, j'ai choisi les falafels, l'option végétarienne. Mon bol est conforme à l'attente, généreux, instagrammable et bon. J'ai ajouté un cheesecake spéculos pour un final gourmand. Pour un dimanche c'est parfait.

Melobowls
67, rue des Remparts
09 81 01 30 65
Pokebowl seul 10,95 €, formule 13,95 €.
Tous les jours.

5. Osteria pizzeria da Bartolo

Dans le quartier Saint-Pierre, l'offre se tient à l'équilibre entre le pire et la pépite. L'osteria da Bartolo est une belle surprise, un petit coin d'Italie porté par le **patron napolitain** Bartolomeo. Le restaurant tout en longueur se termine par la cuisine ouverte, où la pizza cuit dans un four à bois. Nous sommes dans une cave en pierre, très typique du vieux Bordeaux. Le décor façon brasserie avec son long comptoir ne manque pas d'une touche moderne avec un travail sur les luminaires en bois et en cuivre. On mange sur de simples tables dans une ambiance décontractée. Je recommande, en entrée, Il tagliere de Bartolo, un bel assortiment de charcuterie accompagné d'une focaccia chaude. La présentation sur une longue planche de bois donne un côté encore plus gourmand à la sélection, qui suffit pour trois ou quatre convives. Avec une jolie bouteille de vin italien, cela donne un beau moment de partage et de convivialité. Pour suivre, on peut choisir parmi la courte sélection de pâtes maison ou craquer pour une énorme pizza, savoureuse et 100 % gluten.

Bonus : ici, accueil en italien, bonne humeur et sourires garantis.

Osteria pizzeria da Bartolo
15, rue des Faussets
05 56 81 48 38
Pizza 13 à 17 €, le midi formule à 17 €.
Tous les jours.

6. Padang Padang

Entre les quais et la mairie de Bordeaux, la place Sainte-Colombe et sa voisine la place Fernand-Lafargue offrent un choix incroyable de petits restaurants et de bars de quartier, pour le plus grand bonheur des néo-Bordelais, qui en ont fait leur quartier général. Padang Padang se remarque par sa belle façade bleu lagon, la couleur de nos vacances. À l'intérieur, le bleu revient en touches joyeuses. Il colore les chaises, les serviettes, les couverts et les carafes. Quelques cadres sur le thème du surf complètent le décor façon restaurant de plage. Pour se mettre dans l'ambiance, on commande un cocktail planteur ou Man Tai. Dès la première gorgée, on est transportés à Seminyak ou à Phuket. Le temps du repas, les souvenirs de vacances reviennent avec les images d'eaux cristallines et de rizières au vert éclatant. On choisit un plat parmi les spécialités sous influences thaïes et balinaises : **bo bun, nasi goreng** et **pad thaï**, des classiques de la cuisine asiatique. Les assiettes sont généreuses, les épices, bien dosées. On passe un bon moment à rêver de plages et de soleil. Voilà une chouette adresse à prix très doux, il faut le souligner !

Bonus : service à emporter.

Padang Padang
37, rue Sainte-Colombe
09 54 13 21 34
À la carte 20 €, un plat 10 €.
Tous les jours.

7. Poggetti

Le dimanche à Saint-Michel, c'est comme un voyage en Méditerranée. Au cœur de ce quartier toujours populaire et multiculturel vit un Bordeaux soleil. Place du Maucaillou, autour du petit square aménagé en jardin pour enfants, toutes les cultures du Sud se retrouvent et se mélangent. Les femmes du quartier parlent, rient en surveillant leurs petits, jusque tard dans la soirée. Poggetti a tout naturellement trouvé sa place dans ce monde coloré. Le restaurant, ouvert tous les jours, propose une **cuisine italienne centrée sur les pizzas**. La salle à manger à la décoration noire postindustrielle est largement ouverte sur la place. Une porte-fenêtre s'ouvre en grand pour effacer la barrière avec l'extérieur. On peut manger à l'intérieur en regardant travailler le pizzaiolo ou s'installer en terrasse face à l'aire de jeux. On partage une pizza croustillante, une salade de légumes ou une assiette de pâtes. On accompagne son repas d'un petit vin italien. On passe surtout un très bon moment, sans manières, à profiter du spectacle de la rue.

Bonus : ouvert 7 jours sur 7.

Poggetti
Place du Maucaillou
05 57 12 03 09 (pas de réservation)
Pizza 15 €, salade 14 €, verre de vin 4,50 €.
Tous les jours de 9 h à minuit.

8. La P'tite Brasserie

Dans le quartier Mériadeck, une belle brasserie moderne à prix très raisonnables. Le décor balance entre le pub anglais et le club sportif, avec ses murs saturés de photographies et de maillots encadrés. Pour le reste, on est bien en France, **dans un esprit bistro**, avec le mobilier en bois, les banquettes en moleskine rouge, les miroirs XXIe et la carte à l'ardoise. En semaine, une clientèle d'habitués en a fait son QG. Avec un plat du jour à 9 € et la formule complète à 17 €, le restaurant sert de cantine à ce quartier de bureaux. Le dimanche, La P'tite Brasserie se concentre sur une minicarte. En entrée, les incontournables œufs mimosa à 5 € ou les harengs-pommes tièdes à 7 €. Pour suivre, un poulet rôti et son gratin dauphinois à 12 € ou des chipirons à la plancha à 16 €. En dessert, le moelleux chocolat ou un café dunes à 5 €. La formule allégée ravit les familles et les touristes, trop contents de trouver une table à l'accueil sympathique et à la cuisine fraîcheur.

Bonus : les vins à l'ardoise. Belles étiquettes et prix serrés.

La P'tite Brasserie
127, rue Georges-Bonnac
05 56 98 47 23
Formule en semaine 17 € le midi, 22 € le soir. Dimanche midi, 25 €.
Tous les jours midi et soir, service continu.

9. Le Quatrième Mur

Place de la Comédie, Philippe Etchebest s'est offert un temple dédié à la gastronomie dans une aile du Grand Théâtre, chef-d'œuvre architectural du XVIIIe siècle. Le décor pourrait impressionner avec ses monumentales colonnes dorées, ses lustres Art déco et ses plafonds à coupoles. L'ambiance de brasserie, du bruit, un service rapide et des tables un peu serrées pourraient surprendre. Mais rien ne décourage une clientèle avide de voir l'ultramédiatique chef de « Cauchemar en cuisine ». Cependant, les apparitions du MOF sont rares : il a délégué la gestion du restaurant à son second, Frédéric Bernou. Qu'importe, les attentes culinaires ne sont pas déçues, **les assiettes sont savoureuses et agréables à l'œil**. La cuisine est bien balancée entre tradition et modernité avec des classiques revisités servis en cocotte et des plats tendance. Les produits sont de saison et de région. Mention spéciale pour les desserts, raffinés et créatifs. J'ai adoré le mousseux chocolat, crème brûlée à la vanille, dacquoise noisette et sauce yuzu.

Bonus : un bar à tapas pour patienter.

Le Quatrième Mur
2, place de la Comédie
05 56 02 49 70
Menu 34 € le midi en semaine, 51 € soir et week-end.
Tous les jours.

10. Le Santosha

La place Fernand-Lafargue pourrait incarner le meilleur du nouveau Bordeaux. Proche des quais, trait d'union entre les quartiers Saint-Michel et Saint-Pierre, elle est devenue un des lieux les plus animés de Bordeaux. Une belle réhabilitation a fait pousser terrasses et restaurants à la mode. Les trentenaires ont fait du Santosha leur cantine. Le restaurant occupe un bel espace à l'angle de la place. À l'extérieur, une terrasse au mobilier coloré, à l'intérieur une vaste salle très animée. Le décor assez minimaliste donne le ton d'une ambiance restaurant de plage avec un mur décoré d'une fresque jungle, un unique surf au-dessus de la cuisine ouverte et une télévision qui passe en boucle des images de glisse. Le patron, auparavant animateur d'un restaurant japonais réputé, joue la carte de la cuisine asiatique. **Pad thaï, red curry** ou **nasi goreng**, les plats à la carte ont le goût de nos vacances en Thaïlande. Les portions généreuses et savoureuses font le bonheur de nos ados. C'est une bonne adresse tout public.

Bonus : prix en baisse avec 3 plats à 10 €. Une table assurée sans réservation.

Le Santosha
2, place Fernand-Lafargue
05 56 44 76 56
Entrée 5 €, plat 11, 60 €, dessert 4,50 €.
Tous les jours.

5
7
2
1
4
10
9
3
8
6

Chapitre 10

BARS À VINS & COCKTAILS

Dès 18 h, Bordeaux la bourgeoise prend des allures de fille du Sud, colorée et bruyante. La moindre placette s'anime à la nuit tombée. La piétonnisation de l'hypercentre a modifié les habitudes de consommation. Les Bordelais ont découvert le plaisir d'une bière entre copains du quartier. Le phénomène dépasse le concept de l'apéro du jeudi soir, seule la météo peut venir perturber les nouveaux rituels. Parallèlement, le bar à vins sort de sa zone de confidentialité, porté par l'intérêt croissant des consommateurs pour le bon vin. L'offre est abondante, le bar à vins multiple. Parfois lieu de dégustation traditionnelle, il devient festif et une alternative au restaurant. Limitée par notre chiffre fétiche de dix adresses, je sais d'avance qu'il manque à cette sélection de grands classiques de la dégustation tel que le bar du CIVB place Tourny. J'ai privilégié les lieux de convivialité où l'on se fait plaisir, où l'on fait tomber les quilles sans code et sans manière.

1. Aux 4 coins du vin

Au cœur du vieux Bordeaux, une cave à vins innovante imaginée par Chloé et Benjamin, deux passionnés de vin. Dès l'entrée, l'œil du visiteur est attiré par les machines de distribution de vin au verre, qui occupent une place centrale dans le décor. Les murs de pierres blondes et le mobilier en bois jouent, eux, sur la sobriété, à l'image d'un chai de dégustation. Le week-end, on se croirait à une journée portes ouvertes dans le vignoble. Touristes et Bordelais se mélangent et déambulent verre à la main autour de ces distributeurs. **40 références sont accessibles en libre service** et facturées sur une carte prépayée. La formule permet de multiplier les découvertes grâce au choix entre trois volumes : 3 cl, 6 cl ou 12 cl. Ceux qui souhaitent rester sur une approche plus conventionnelle choisiront une bouteille parmi les 500 références de la carte. Pas de tapas cuisinées pour accompagner mais des assiettes canailles, charcuterie, fromage ou foie gras. Ici, la star, c'est le vin !

Aux 4 coins du vin
8, rue de la Devise
05 57 34 37 29
Vin au verre en moyenne 6 €.
Tartine 12 €, grande planche charcuterie ou fromage 14 €.
Du lundi au samedi.

2. Le Bistro des Frérots

On est proche du Grand Théâtre et de l'hypercentre. Ronan et Steven, les deux frères, ont installé leur bar vin et fromages en 2017. La décoration rappelle la cave de dégustation avec ses tables sur base de tonneau et le bar plaqué de façades de caisses de vin. Pas de carte dans ce bistro, juste une ardoise géante qui fait le tour du bar. À l'affiche, une dizaine de vins au verre dont la sélection change chaque semaine. Et pour les tables de potes, on va choisir une bouteille dans les étagères murales. La sélection balance entre la France à 65 % et le monde 35 % avec une bonne dose de bio, 20 %. Pour accompagner des planches généreuses et savoureuses. **Les frérots jouent bien le jeu sur la qualité et la quantité**. Dix fromages sur la grande planche, cinq sur la petite. Tous super bons et originaux comme le pain à l'emmenthal fait spécialement pour les deux Bro.

Bonus : ambiance et bon jaja les soirs de match, le grand écran est là pour les sportifs.

Le Bistro des Frérots
23, rue des Piliers-de-Tutelle
06 89 29 40 90
Petite planche 11 €, grande 22 €, vin au verre 5 €, bouteille environ 30 €.
Du mardi au dimanche de 17 h 30 à 2 h.

3. La Ligne rouge

Cave à vins dans la journée et bar le soir, la Ligne rouge occupe l'angle stratégique de la rue de la Porte-Cailhau et du quai Richelieu. C'est l'endroit idéal pour terminer une visite dans le vieux Bordeaux en dégustant un verre face au pont de Pierre. Aux premiers soleils, on s'installe en terrasse, face à la Garonne. Si le temps n'est pas favorable, l'intérieur permet de découvrir la richesse de la cave. Les vins sont simplement installés sur étagères, le long des principaux murs. Au centre, tables de bois et chaises d'écolier, le décor reste très sobre. La couleur, la diversité viennent avec les vins. **La sélection de Gwendal Jugan fait la part belle au bio, aux vins nature et aux vins du monde**. Il choisit ses vignerons avec passion et conseille très finement l'amateur en quête de découverte. Lors de ma dernière visite, j'ai testé un sympathique vin du Rhône en biodynamie : les Grillons, une base de grenache blanc, des arômes, du fruit, du plaisir. Pour accompagner la dégustation, on trouve une courte carte de plats cuisinés. En avril, le chef travaillait le foie gras, le tartare et une burrata sur toast avec compotée d'oignons rouges. Trois desserts pour terminer, crème brûlée, entremets chocolat et choux à la crème.

La Ligne rouge
22, quai Richelieu
09 83 55 18 64
Assiette de 12 à 15 €, dessert 6,50 €. Vins au verre environ 7 € : 8 rouges, 8 blancs et 1 bulle.
Du lundi au samedi le soir à partir de 18 h.

4. Soif

Cécile et Nicolas, anciens Parisiens, ont installé leur cave à manger dans une adresse au calme entre les places Camille-Jullian et du Parlement. Ils ont voulu un décor authentique pour sublimer leur sélection de vins d'artisans. Les murs sont en pierre d'Aquitaine, le sol en plancher et les tables d'un beau bois brut. La cave, la star des lieux, est bien visible derrière la cloison en fenêtre d'atelier. Chez Soif, on va pour faire des découvertes, **se laisser guider par Nicolas dans le choix de vins issus de l'agriculture biologique**. Il aime partager une passion qui est devenue son second métier. Pour accompagner la dégustation, il y a les assiettes de Cécile. Ici, on ne se contente pas de la simple planche de charcuterie. Cécile propose des huîtres en ceviche, du boudin à la plancha, des moules de cordes et des croquettes de poulet rôti. Surtout, n'hésitez pas à tester les accords inédits. En juin, lors de la semaine « les vignerons de Champagne », j'ai craqué pour l'accord brie et bulles. Le champagne apporte fraîcheur et peps au fromage, une vraie bonne idée !

Soif
35, rue du Cancéra
09 86 10 42 40
Vins au verre entre 5 et 7 €, bouteilles de 25 à 60 €. Assiettes de 8 à 15 €.
Du mercredi au dimanche dès 19 h.

5. Symbiose

L'adresse la plus novatrice de ce guide se trouve en bord de Garonne, là où autrefois les négociants stockaient le vin. Symbiose propose trois types d'expériences dans une seule adresse : **table gastronomique** les mardi et mercredi soir ; **bar à cocktails** du mardi au samedi soir ; le restaurant propose aussi une **formule déjeuner de cuisine du marché**. Le décor participe au concept avec, à l'avant, une salle de restaurant aux murs de pierres et tables laissées nature façon bistro contemporain et au fond, caché derrière une comtoise, un speakeasy plongé dans une semi-obscurité. L'ensemble est mené par quatre copains venus de Paris et du monde de la mixologie, qui associent les spiritueux et la cuisine dans des accords inattendus. Le chef Félix Clerc sublime le produit, le légume ancien et les saveurs du monde. Ses créations sont un ravissement, un plaisir visuel, une expérience gustative. Au bar, Lucas Maraton et Simon Chollet servent des cocktails aux noms improbables et aux ingrédients étonnants que l'on sirote accompagnés de tapas maison. J'ai adoré le Zombie Lankais, mélange de sirop de passion massalé, de jus de citron vert, de Byrrh, de Chartreuse jaune, de thé noir, de rhum Plantation Dark, de Ceylon Arrack et d'absinthe Pernod.

Symbiose
4, quai des Chartrons
05 56 23 67 15
Menu 23 € le midi, 50 € le soir. Cocktails de 10 à 13 €, tapas de 6 à 14 €.
Du lundi au samedi le midi, mardi et mercredi pour le dîner.
Du mardi au samedi bar le soir.

6. Le Taquin

À cinq minutes du pont de Pierre, le Taquin offre un peu d'air à celui qui veut bien quitter l'hypercentre. S'il fait beau, on reste en terrasse. En salle, brique rouge au mur, sol en béton et mobilier rétro, l'ambiance du midi est au bistro. Le soir, on passe en mode spiritueux. **La carte des gins, rhums, whiskys et cocktails permet de se faire plaisir**. Si on balance entre les classiques de la mixologie, Bramble, Bloody Mary, et les exotiques comme le Dark and Stormy, on peut glisser comme Mister Bond vers le Vesper Martini (recette tirée de *Casino Royale*). J'ai craqué pour le Clover Club, association dry gin et framboise, une boisson née à Philadelphie au XIXe siècle ; elle se déguste lentement, accompagnée de son assiette de charcuterie. On peut décider de prolonger la soirée par un dîner autour de la cuisine d'Hadrien Lavaud, un ancien du Royal Monceau. Sur son terrain de jeu, il donne libre cours à sa créativité et nous régale d'une cuisine de saison qui fait la part belle aux produits locaux. Chez lui, la volaille fermière copine avec les ramen japonais en plat du jour ou se roule dans les épices pour la partie grignotage. Sa compagne et complice, Marie Le Cossec, assure la partie sucrée avec des desserts de pâtissier.

Le Taquin
1, quai Sainte-Croix
05 56 78 97 10
Menu 20 € le midi, 45 € le soir. Cocktails de 9 à 11 €.
Du mardi au samedi.

7. Les Trois Pinardiers

Idéalement situé en sortie du cinéma, c'est le super spot pour boire un verre après le film. Le décor est très réussi, tout en bois brut avec une partie boutique à l'entrée et l'espace dégustation en second plan. Attention, l'adresse fait le buzz, il y a du monde au comptoir. Les trois pinardiers sont cinq, tous anciens copains d'école de commerce. Passionnés de vins, ils ont ouvert une cave en 2015, un wine truck en 2016 et le bar en décembre 2017. Leur originalité, c'est de permettre la **dégustation des 100 références de la carte**. Grâce au système Coravin, ils peuvent prélever une bouteille sans altérer le breuvage et sans risque d'oxydation. Leur sélection très ouverte sur le monde est conçue pour répondre à une demande de découvertes, de voyage par le vin. Pour accompagner, des gyozas du voisin ou des planches fromage et charcuterie sourcées chez My Terroir, une autre start-up spécialisée charcuterie basque et italienne.

Les Trois Pinardiers
2, rue Georges-Bonnac
05 54 52 21 52
Vin au verre environ 6 €, planche fromage ou charcuterie 15 €.
Du mardi au dimanche de 11 h à minuit.

8. Un château en ville

Dans la rue Saint-James, trait d'union entre les quartiers Saint-Michel et Saint-Pierre, le château Lestrille a trouvé sa vitrine entre les boutiques de décoration et les coffee bars. Estelle Roumage, responsable du domaine, a réuni deux immeubles en couvrant les cours intérieures d'une verrière. Elle a entièrement rénové l'espace dans un esprit contemporain-vintage. Le mobilier désassorti, les tables et les chaises rétro donnent à la salle un air de cuisine de famille. L'offre est un copier-coller de celle du domaine viticole. À emporter : tous les vins de la propriété. Sur place, une dégustation et de généreuses planches à partager. Les petits appétits feront leur dîner de l'assiette Eugène : magret de canard séché, rillettes au foie gras, cannelés chorizo, brie de Meaux, fruits secs et frais. **Avec sa carte centrée sur une seule propriété**, Un château en ville se démarque des autres bars à vins. Ici, on vient à la rencontre de viticulteurs. Les photos de l'album de famille sont accrochées aux murs. L'histoire de la propriété est résumée sur un tableau noir comme pour mieux ancrer les lieux dans la continuité du travail de la vigne.

Bonus : brunch samedi et dimanche 22 € : 6 huîtres + 1 verre de vin, planche foie gras + fromage, cake, boisson chaude.

Un Château en ville
25, rue Saint-James
09 53 04 48 93
Vins au verre 3 € et 6 €, planche 20 €. Du mercredi au vendredi de16 h à 23 h. Le samedi de 12 h à minuit, le dimanche de 11 h à 17 h.

9. Vins urbains

Quartier Saint-Pierre, une pépite cachée derrière son étroite façade porte-fenêtre. Belle décoration postindustrielle faite d'une dominante de gris acier et d'une touche blonde avec le bois des tables et la pierre de Bordeaux apparente. L'étroitesse des lieux donne un côté intimiste et plusieurs ambiances : le bar avec son côté partage, la petite table isolée au milieu, et la salle du fond ou la cave pour les bandes de copains. Jan Bussière, installé depuis 2015, accueille et partage ses coups de cœur. **La carte de 350 références comblera les amateurs** ; très joli choix sur toutes les régions de France et escapades en Espagne et Italie. Les prix raisonnables permettent de faire de belles découvertes ou de craquer pour les stars, châteaux Rayas, Pontet-Canet ou Marcel Deiss. Au verre, 9 blancs et 9 rouges qui changent régulièrement. Pour accompagner, quelques tapas de produits de saison. Je recommande la planche de 12 tartines, du fait maison, du goût et de l'originalité. En final le dessert du moment : pour moi un tiramisu spéculos. Bon et bien fait !

Bonus : cave en sous-sol privatisable, 25 personnes au maximum, et vins à emporter.

Vins urbains
27, rue des Bahutiers
09 52 19 09 37
Vin au verre de 6 € à 10 €.
Du mardi au samedi de 18 h à minuit.

10. Le Wine Bar

Entre les quais et la place Camille-Jullian, une adresse incontournable pour les amoureux de l'Italie. Derrière une belle façade en bois, un décor très simple, pierres apparentes et tables en bois noir. Ambiance plaisir avec Giancarlo Savini et Emmanuel Cadei, les deux associés et animateurs du lieu. Les yeux brillants et le sourire aux lèvres, ils détaillent avec gourmandise l'assiette de charcuterie du Wine Bar : du lard de Colonnata vieilli en coffre de marbre, de la mortadelle pistache IGP de Bologne, du Culatello di Zibello AOP, une noix de jambon séchée dans une vessie de porc, de la coppa de Parme et du jambon blanc de Parme truffé. La carte des vins impressionne : **87 bordeaux, 88 vins français, 85 vins italiens et 76 vins du monde**. J'ai craqué pour un Rosso di Montalcino, moins connu que son illustre voisin le Brunello, mais issu du même cépage Sangiovese. Autre découverte : domaine Casa Raia, vin bio à la belle robe rubis, élégant et fruité.

Bonus : plus de 60 vins proposés au verre, petite terrasse.

Le Wine Bar
19, rue des Bahutiers
06 76 00 50 54
Assiette de charcuterie 16 €, vins au verre à partir de 6 €.
7 jours sur 7 le soir.

Les tables par rubriques

Les tables par ordre alphabétique